AF389268

LES QVATRE PREMIERS LIVRES DE L'VNIVERS

DE M. DE NORRY:

Aufquels eft traité du nombre, ordre & mouuement des Cieux: La defcription tant Poëtique qu'Aftronomique des quarante huict Images celeftes : Des fept Planettes, leurs proprietez, grandeurs & influences.

Enfemble vne table à la fin du liure, feruant à l'intelligence des principaux termes Aftronomiques.

Dediez à Monfeigneur le Duc d'Efpernon.

A PARIS,

Chez Gilles Beys, rue S. Iaques, au Lis blanc.

M. D. LXXXIII.

Auec Priuilege du Roy.

Au premier liure est discouru des mouuemens du premier, second & tiers. Ciel.

Au second, des douze Signes du Zodiaque, leurs proprietez & influences.

Au tiers, de la description poëtique des 36. images restans.

Au quatrieme, des sept Planettes, leur cours, grandeurs, influences, Cercles & Orbes : le tout suiuãt l'opinion, tant des anciens que modernes.

A MONSEIGNEVR, MONSEI-
GNEVR LE DVC D'ESPERNON, PAIR
de France, & Colonnel general de l'infan-
terie Françoise.

MONSEIGNEVR, *n'ayant entrepris mettre ceſt œuure en lumiere, que ie ne l'euſſe ſeellé
du ſeau ſelon le tiltre qu'il porte: à ſçauoir la
deſcription de tout ce qui eſt contenu depuis le
plus haut Ciel iuſques au centre de la terre,
tant cogneu viſiblement qu'imaginé, ayant
eſcrit ces quatre premiers liures traittant de la partie celeſte, i'ay
eſté contraint, & quaſi precipité par beaucoup d'honneſtes hommes leur faire endurer la preſſe, à mon grãd regret toutesfois, pour
deux raiſons: l'vne pour n'auoir eu ny moyen ny loiſir les reuoir
& reparer comme l'œuure le merite: l'autre pour vous faire preſent de ſi peu de choſe, & ſi peu correſpondant à voſtre grandeur
& à ma bonne volonté. Neantmoins, Monſeigneur, l'eſperance
que i'ay de bien toſt reparer telle faute par la continuation entiere
de l'œuure, m'a fait prendre la hardieſſe vous preſenter non ſeulement ce commencement, mais vous voüer entierement moy &
tout ce qui pourra iamais ſortir de mes labeurs: ayant quelque no-
tion, Monſeigneur, qu'ils vous ſoient agreables.* De Paris ce
premier de Septembre, 1583.

Voſtre treshumble & treſaffectionné
ſeruiteur Milles de Norry.

á ij

E pardonnerois volontiers à ceux qui
difent eſtre impoſſible aux François,
d'apprendre les ſciences ſans l'intelligence des langues Grecques & Latines:
ſi tát eſtoit que la Françoiſe fuſt ſi pauure & ſterille, qu'on ne peuſt exprimer
par icelle ce qui eſt eſcrit en Grec & Latin. Mais le contraire ſe manifeſtát iournellement, ie ne me puis garder d'ac-
cuſer d'vne grande & vituperable ingratitude ceux, qui au
lieu de profiter à leurs contemporains & ſucceſſeurs, pro-
diguent le fruict de leurs labeurs aux eſtrágers. Or ſi ceux
là ſont dignes de reprehenſion, de combien ſont dignes
de loüange ceux qui en defrichant & decorant la langue
Françoiſe, l'enrichiſſent non ſeulement d'elegance de langage, ains d'arts, ſciences & doctrines, en quelque faculté
que ce ſoit. On me pourra obiecter, qu'il n'eſt pas poſſi-
ble ny loiſible que les ſciences ſoient toutes vulgaires, &
pour cauſe, ſans autrement alleguer les raiſons que ie laiſſe
à penſer à ceux de qui l'intelligence paſſe le vulgaire: ſur
quoy ie ne veux repliquer, me contentant de penſer que
telles gens ont quelque conformité aux joüeurs de paſſe
paſſe, qui ſont contens qu'on les regarde joüer en payant,
pourueu qu'on s'abſtienne de mettre la main en leur gi-
beſſiere, de peur de deſcouurir les ſecrets du meſtier. Ie

confesse bien qu'il n'y a faute de liures ny d'escriuains (à mon grand regret) d'autant qu'il seroit besoin que la plus grande partie de tels liures fussent au ventre de leur pere, se trouuans sans doctrine ny erudition, voire la pluspart estant vne vraye poison de l'aureille de la delicate ieunesse : & à la façon des Singes, si quelqu'vn a choisi quelque poëme, auquel l'heur luy preste quelque faueur, vne infinité ne faudra à se couurir de ce titre pour descouurir leurs follies. Nostre poëte, ayant heureusement, & encore plus doctement rencontré en ses Amours, n'a failly incontinent de suite : Et le pauure Tuscan, qui est le comble du sçauoir de tels escriuains, n'a aussi failly à estre deschiré, descoupé & escorché en mille & mille façons. En quoy ie ne leur porte enuie, encore qu'aucuns d'iceux en facét leur soupe grasse : mais à l'imitation du bon pere, qui ne se contente que le precepteur enseigne seulement à bien parler à ses enfans, ains aussi à bien & vertueusement faire : Ie loüe infiniement (comme aussi sont ils à loüer) ceux qui escriuant taschent, conioignans l'elegance à la doctrine, d'illustrer tant la langue Françoise que les François, de quelques belles disciplines, nous pouuát asseurer, que si la langue est capable les exprimer naifuement, que les esprits fourmillás en icelle, ne le sont moins de les retenir, se trouuant iournellement vne infinité de ieunesse, qui pour peu d'aide & interpretation qu'on luy donne, se rend apte & capable, voire des choses les plus arduës & difficiles qui se treuuent és Mathematiques. Ie ne mets neantmoins cecy en auant pour me vouloir vanter d'auoir fait quelque grand chef d'œuure : mais seulement pour seruir d'esguillon à quelqu'vn de qui le sçauoir, loisir & moyen sera

á iij

mieūx employé à reparer la faute que ie pourray auoir
faicte, qu'à escrire des fables ou choses pires, tant pour le
present que pour l'aduenir. Ce pendant, Lecteur de bonne volonté, tu prendras cecy en bonne part, esperát auant
peu de temps, aydant Dieu, te faire part du reste de nostre
Vniuers.

De Paris ce premier de Septembre, 1 1 8 3.

Extraict du priuilege du Roy.

IL est permis à Gilles Beys, Libraire iuré de l'Vniuersité de Paris, d'imprimer ou faire imprimer, & expoſer en vente, ce preſent liure intitulé *Les quatre premiers liures de l'Vniuers de Milles de Norry.* Et defenſes ſont faictes à tous autres Libraires & Imprimeurs, n'en imprimer ny vendre d'autre impreſſion, que de celle dudit Beys, ou de ſon conſentement, iuſques à neuf ans entiers, finis & accomplis apres la premiere impreſſion qui en ſera faicte, à peine de confiſcation, & d'amende: comme plus amplement eſt porté par les lettres ſur ce donnees à Paris, le dernier iour d'Aouſt, 1583.

Par le Conſeil,   Signé,

Le Cointe.

M. DE NORRY A SES ENFANS.

E Nfans, apres auoir la maraſtre Nature
Coupé le fil des ans à mon cours limité,
Si par ſort, ou eſmeuz de bonne volonté
Contemplez quelque fois ceſte mienne figure:
Voyant la bouche cloſe, & des yeux l'ouuerture,
Le front large & ouuert, & le poil remonté,
Iugez & ſouſtenez qu'en tout i'ay reſiſté
Au trop parler, peu veoir, honte & fortune dure.
Que cela vous incite à parler ſobrement:
Voyez beaucoup, le veoir meurit le iugement:
Souffrez pluſtoſt la mort, qu'au front vne infamie.
Reſiſtez à fortune, & qu'elle n'ait pouuoir
De vous faire paſſer rien outre le deuoir:
Voila le ſeul tombeau auquel ie porte enuie.

Ο ΘΕΟΣ ΚΑΙ ΚΡΟΝΟΣ.

LES QVATRE PREMIERS LIVRES
DE L'VNIVERS DE M. DENORRY.

LIVRE PREMIER.

Vi veut chanter d'Amour, estant d'Amour
espris,
Qu'il inuoque l'Amour & sa mere Cypris.
Qui veut chanter de Mars, que guerrier il
entonne
Le sang, le feu, la peur, la mort, Mars &
Bellonne.

Mais qui d'vne autre ardeur sainctement agité,
Hautain veut ressentir plus de diuinité,
Architecte parfait doit leuer d'auantage,
Orne d'vn plus grand Dieu, le front de son ouurage.
Immense Eternité, qui eternellement
De toy-mesme en toy-mesme as prins commencement,
Pere de ce grand Tout, qui a son origine
Du seul vent respiré de ta bouche diuine:
Hauteur immensurable à toute quantité,
De toutes vnitez la parfaite vnité:
Sourse de verité, ruisseau de sapience,
Thresor auquel s'enclost l'Eterne intelligence,
Forme incomprehensible en soy tout embrassant,
Tout vn, tout bon, tout grand, tout voyant, tout puissant,
La raison des raisons, sagesse incomparable,
Inuisible, immortel, indicible, immuable,

A

Qui formez en des corps pleins de fragilité
Nous consacre en ton nom à l'Immortalité.
C'est toy, Pere eternel, lumiere de lumiere,
A qui s'estend le vol de mon humble priere:
Sainct des Saincts, grãd des grãs, Roy des Rois, Dieu des Dieux,
Qui en ton throsne assis marche dessus les cieux,
Grand Iehoua, c'est toy dont i'inuoque la grace,
D'estre mon Helycon, mes Muses, mon Parnasse,
A fin qu'en escriuant les œuures de tes mains
Marques de ta grandeur aux aueuglez humains,
La painture d'ou l'œil dedans l'ame transporte
Les thresors infinis de ta puissance forte.
I'engraue heureusement en cent termes diuers
Ton nom en lettre d'or au premier de mes vers.
Mais à ce qu'en trassant les sentes azurées
Des cercles inegaux des flammes argentées
De ce grand bastiment, ie puisse audacieux
Mieux qu'Icare chetif m'auoisiner des Cieux.
Donne moy, pere aidant, sans plus pour compagnie
Les beaux yeux immortels de ta fille Vranie.
Vranie mon mieux, & qui contre le sort
Et fortune marastre arreste mon support:
Approche toy mon cœur, & bien que la fortune
Et à toy & à moy ait esté importune,
Me peux tu reprocher qu'en ce siecle enroüillé
I'aye ton sacré nom d'aucun vice soüillé.
Et bien que de nos Rois pipé d'vne esperance
Ie ne t'aye pas fait la superbe apparence,
Au moins m'as tu seruy d'hameçon appasté
Pour estre precipice à la simplicité.
Tu n'as charmé des grans ny l'esprit ny l'aureille,

Les paissant faussement d'vne fainte merueille,
Comme à la verité voftre diuin troupeau
Ne fut point mis en vain fur le double coupeau:
Coupeau voifin du Ciel, pour en ce precipice
Chanter ~~diuinement~~ la menfonge & le vice.
I'en appelle à tefmoin le vieil Cecropien,
Line, Orphée, Hefiode, & Eumolpe ancien,
Qui premiers fredonnans fur la lire d'iuoire
Chanterent la grandeur de l'immortelle gloire.
Vien, Mufe mon foulas, ie te veux faire voir
Le palais eternel d'vn Roy, qui a pouuoir
Du feul clin de fon œil ietter à la renuerfe
Les Rois & leurs eftats & la terre vniuerfe.
L'œuure prodigieux du grand Aßyrien,
Ny l'orgueil de Memphis, ny de l'Ephefien,
Ny tout ce que le Grec fuperbe en edifice,
En cinq ordres diuers a monftré d'artifice,
Ny dix mille palais de quoy Rome s'orna:
Rome terreur de tous, Rome qui ne borna
Son Empire monftreux, finon par la carriere
Du chariot portant la celefte lumiere,
Ne peuuent en leur Tout egaler feulement
L'vne des moindres parts de ce fainct baftiment.
Le temps tout deuorant les a mis en ruine,
Et d'iceux ne fe void que ce qu'on imagine:
Mais ceft œuure diuin n'a iamais dementy
L'vne des moindres parts dont il fut comparty,
Car il eft auffi beau qu'à l'heure que fon maiftre
Du vent de fon parler tel qu'il eft le feift eftre.
C'eft ce grand Vniuers, c'eft Mufe, ce grand Tout,
Que ie te veux monftrer, voire de bout en bout:

A ij

C'est ce diuin pourpris, où tant & tant d'estoilles
Font apparoir à l'œil leurs courses eternelles.
Oeil vrayment ignorant, & ne differant rien
Des brutes, qui le Ciel comme luy voyent bien:
Mais auillis tous deux n'ont aucune estincelle
De sçauoir la raison de leur course si belle.
Laissons, Muse, laissons cest estre vicieux,
Ne croupis plus icy, monte auec moy aux Cieux:
N'aye peur mon soucy, car ie sçay les trauerses,
Et les sentiers voutez de leurs courses diuerses.
Ie ne suis point Ycare, à qui l'aile defaut,
Ny son pere craintif, ie veux monter plus haut,
Ie veux passer le Ciel, dont la beauté coupable
Fut du pauure Eridan, Eridan miserable,
Qui par ne sçauoir pas les trauerses des Cieux
Trebucha foudroyé du grand pere des Dieux.
Ie ne crains les cheuaux, qui courans par le vuide,
Firent à ce chetif abandonner la bride,
Ie sçauray mieux que luy icelle gouuerner:
Soit que laissant Astrée il les faille mener
Repaistre au froid seiour de la cheure Amalthée,
Et de là au Bellier qui enfante l'année.
Du Bellier par le Cancre, où lassez de leurs cours
Alentissent leur train, & font les plus longs iours,
Faignans illec vouloir quelque repos y prendre,
Et puis de là encor chés Astrée les rendre.
Cela m'importe peu, & pour me porter là
Ie ne veux le cheual, qui emplumé volla
Soubs le fils de Pretus, & moins encor ay cure
D'auoir à mes tallons les talliers de Mercure:
Ie vay plus haut que luy, & d'vn vol élancé

Ie m'y rens auſſi toſt comme i'y ay penſé.
Ce n'eſt le premier coup qu'vne loüable audace
M'a fait battre du ciel vne & vne autre traſſe:
Car mille fois & plus i'ay tenté non en vain
Six eſtages plus haut monter de main en main.
Laiſſons donc, mon ſoucy, ceſte ſource de vice,
Ce lac de cruauté, abyſme d'iniuſtice,
Ceſt égout de malheur, ce demeure peruers,
Ce bourbier putrefait, craſſe de l'Vniuers,
Ceſte ordure enuieilly, cloaque d'ignorance,
Où la vertu s'eſteint ains que ſortir d'enfance.
Mon Dieu, que dy-ie, helas! ce grand tour ſpacieux,
Ceſte terre vniuerſe entourée des cieux
N'eſt-ce l'œuure de Dieu ceſte ronde machine,
N'eſt-ce l'œuure parfait de ſa dextre diuine?
Pardonne, ie te prie, à ma temerité,
Mere, i'ay blaſphemé contre ta Deité:
Et pour bien l'amender, mere, ie te confeſſe
A l'endroit des humains pitoyable Deeſſe,
Qui naiſſans les reçois, qui nays les entretiens,
Et ſelon les ſaiſons leur prodigue tes biens:
Puis coupant leur fillet la Parque inexorable,
Tu les reçois encor en ton ſein pitoyable.
Mais, las mere! c'eſt nous vrais bourreaux de noſtre heur,
Par qui ſe cauſe en nous noſtre propre malheur:
Et par ce ie te veux, Deeſſe nourriciere,
De tous les elemens te nommer la premiere,
Premiere à nous nourrir, premiere à nous porter,
Ne pouuant autre part qu'en toy ſeule habiter.
Ie te ſalue donc, Terre mere feconde,
Terre centre de tout, Terre milieu du monde,

A iiĳ

Du monde ce grand Tour qui de tout decoré,
Ne peut iamais de l'homme estre assez admiré.
La peinture où lon voit descrite en euidence
Le pouuoir de l'ouurier ioinct à sa prouidence,
Du monde qui comprent en son tout spacieux
En bas quatre elemens & dix orbes aux cieux,
Par dessus quoy l'ouurier d'vn ouurage si digne
Incnarrable en tout, tout embrasse & domine :
Tenant en soy caché, sans que d'aucun soit veu,
Le secret eternel de ce qu'il a preueu.
Le Payen ne fait pas son argument solide,
Ne mettant hors le monde aucun temps, lieu ny vuide :
Par ainsi infiny, car il est euident,
Le monde estant regi d'vn pouuoir prouident,
Que le pouuoir a lieu sur la chose finie
Soubs le mesme pouuoir par qui elle est regie.
Le monde est donc finy, & ne peut autrement,
Qu'en lieu qui le contienne auoir son mouuement,
Nous voyons qu'il se meut, sa fin est donc cogneuë
Dessoubs le mesme lieu dont elle est contenuë.
Le monde est donc finy, & sa fin mesme fine
Le sçauoir des humains qui plus haut n'imagine.
Iusqu'au dixieme Ciel l'humain entendement
Peut auecques raison discourir sainement :
Mais qui audacieux pretend auec science
Tenter de l'Immortel l'eterne sapience,
Vn nouueau Phaëton se treuue foudroyé,
Ou confus en la mer comme Icare noyé.
O diuine grandeur ! ô maiesté diuine !
Du feu de ton ardeur eschaufe ma po. trine,
Pour chanter dignement à la posterité

Ce grand palais conſtruit de ta diuinité.
Muſe, contemplons donc la belle architecture
De ce grand Vniuers, ſa belle couuerture,
Ce premier Ciel mouuant, qui ne tient rien d'autruy,
Et contraint & rauiſt les autres apres luy.
Ce grand tappis d'aſur, ceſte plage tant belle,
Ce ſiege nompareil de l'eſſence eternelle,
Imaginant en luy par ſa rotondité
Le ſimulacre ſainct de la diuinité.
Rondeur qui ne ſçauroit, tant elle eſt vniforme,
Se diuiſer en parts tenant la meſme forme:
Le quadrangle ſe peut diuiſer en quadrangles,
Des triangles coupez ſe forment des triangles,
Mais pour oſter au rond, ou pour luy aſſembler
N'en prouiendroit ja rien qui luy peuſt reſſembler.
Il reſſemble à luy ſeul, & d'vne ſeule ligne
Sans principe ny fin s'encloſt & ſe termine,
Et qui à ſon milieu en vn poinct arreſté
Egallement diſtant de ſon extremité:
Brief, on ne peut oſter à la figure ronde,
Figure que retient le baſtiment du monde,
Qu'elle ne ſoit premiere, & de perfection,
Et de ſimilitude, & de dimention.
Dimention, qui a iuſqu'ore eſté cachee,
Quoy que des plus expers, mais en vain recherchee.
Ce n'eſt point ſeullement ce dernier Ciel qui tient
Ceſte rotondité, mais tout ce qu'il contient:
Car ſe trouuant ſoubs luy vn corps d'autre figure,
Ce ſeroit approuuer du vuide en la nature,
Ce qui eſt reprouué: car dictes moy comment
L'vn & l'autre pourroit auoir ſon mouuement.

Sans que le vaque fust du flanc de l'angulaire,
L'vn ou l'autre mouuant iusques au circulaire.
Le Ciel est doncques rond, rond est ce qu'il contient,
Et de six mouuemens le seul rond il retient,
Qui de son cercle fait d'extreme vehemence
En vn iour naturel la grand circonference,
Menant auecques luy, ainsi comme vn grand Roy
Meine vn grand exercite en triomphant arroy,
L'excercite du ciel, du ciel à luy flexible,
Sans iamais dementir ceste course infalible,
Sans iamais varier du sentier arresté
De toute eternité à toute eternité.
Mouuant doncques en rond ceste machine ronde
A deux poincts opposez, dits les Polles du monde,
Dont la ligne, tirée imaginairement
De l'vn à l'autre, peut s'appeller proprement
Axe de l'Vniuers, à l'entour de laquelle,
Et des Polles aussi, ceste machine belle
Tourne vniformement, & ayant de trauers
Respect à l'Horison l'Axe de l'Vniuers,
Vn Polle est esleué, & de son apparence
Par artifice humain nous auons cognoissance.
Cognoissance qui a tout le peuple effrayé
Du fond de l'Ocean de mille nefs frayé.
L'Artique il est nommé, à cause que deux Ourses
Font à l'entour de luy leurs eternelles courses:
L'Antartique au contraire opposément planté
De peu de gens se void cogneu & frequenté,
Tout au milieu desquels d'vne égale distance
Vne ligne seruant d'vne circonference
Le premier ciel en deux egalement espart,

En laiſſant du coſté des Ourſes vne part,
L'autre deuers Auſter, ainſi eſt appellee
Ce qu'en retient pour ſoy l'Antartique contree.
Et ceſte ligne là ou ce cercle parfait,
Par qui la nuict egalle auec le iour ſe fait,
Se nomme l'Equateur ou l'Equinoctialle,
Rendant deux fois en l'an la nuict au iour egalle,
Touchant ce grand Soleil alme image de Dieu,
Oppoſément d'icelle vn & vn autre lieu.
Et à fin que du Ciel fuſt la courſe apparante
Chacun cercle inciſé fuſt en trois cens ſoixante,
Que lon nomme degrez, & puis chacun degré
Fut encor diuiſé, ainſi qu'il vint à gré
Aux premiers de ceſt art en ſoixante parties,
Qui en ſoixante encor' ont eſté departies.
Doncques noſtre Equateur ainſi ſubdiuiſé
Quelqu'vn leuant les yeux ſoudain s'eſt aduiſé
Qu'il montoit reglément, & ſur cela aſſeure
Quinze de ſes degrez ſe leuer d'heure en heure,
Et ſur c'eſt argument l'eſprit audacieux
L'a fait ſeruir d'vne aulne à meſurer les Cieux,
Le mouuement, le temps, le temps qui tout deuore,
Au paſſé, au preſent, & au futur encore.
Malheureux fut celuy qui premier limita
Ce cercle iour egal, quand il ne l'arreſta:
Car il euſt arreſté par ſemblable maniere
Du temps tout deuorant la gliſſante carriere.
Car il euſt arreſté, en arreſtant ſon cours,
Que Clotho n'euſt emply le fuzeau de nos iours.
Nous ramons trop auant: car, Muſe, ie n'aſpire

B

En si profonde mer engouffrer mon nauire:
Disons tant seulement, que le temps & le ciel
Sont conioints & liez d'vn neud perpetuel,
Et que le temps sera du monde la mesure,
Nedurant point le temps si le monde ne dure:
Dont la plus belle part sont les astres luisans,
Enfantans de leurs cours heures, iours, mois & ans,
Et le tout mesuré, inuention humaine,
Du cercle iour egal par mesure certaine.
En vingt & quatre parts ce cercle departy
Rend le iour naturel de mesme comparty,
En vingt & quatre parts, sur quoy se peuuent faire
Les rayons differens de l'horloge solaire,
Les vns pendans à plomb, d'autres Orizontaux,
Orientaux panchez, leuez Occidentaux:
Et generalement en quelconque partie
Qu'on peut imaginer vne superficie.
Il nous enseigne à l'œil la declination,
Tant du costé d'Auster que du Septentrion,
Du Soleil tout voyant, & des autres lumieres,
Qui ont dedans le ciel leurs rentes coustumieres.
Par l'Equinoctial sont ça bas limitez
Les degrez differens des largeurs des citez,
Qui est l'arc contenu dés sa circonference
Iusqu'au poinct capital de nostre demourance:
Et encor dedans luy nous allans mesurant
Du bord Iberien tirant à l'Oriant,
Contant au droit des poincts que son autour enserre,
Tant du Nort que d'Auster les longueurs de la terre.
Es deux poincts iours egaux vn cercle ont veu passer,

Qui vient tout l'vniuers en escharpe embrasser,
Delaissant d'vne part la ligne iour-egalle
Deuers le Polle vrsan, l'autre en la part Australle,
Cercle que l'on appelle, & non improprement,
L'Ecliptique arrestee au premier mouuement.
Et par ce qu'en ces poincts on la void ellongnee
Du Cercle iour-egal par raison asseuree,
On peut aussi penser ses Polles de trauers
Eslongner mesmement ceux là de l'Vniuers,
Et d'escrire à l'entour d'vne egale distance
Au mouuement iournal vne circonferance.
L'vne du nom d'Arctos contient le cercle Arcticq,
L'autre deuers Auster fait le cercle Antarticq.
Or entre les secmens de la ligne ecliptique,
Soit du costé d'Auster ou de la part Arctique
Deux poincts y a moyens, qui de ces sections
Fait le plus qu'il se peut les declinations
D'icelle à l'Equateur, l'Equateur qui ballance
Des Polles iusqu'à luy l'equilibre distance.
Ainsi par quatre poincts l'Ecliptique incizé
En quatre quartiers est, & chacun diuisé
En trois egalement, dont les poincts tresinsignes
Sont de l'antiquité appellez douze Signes,
Faints du Grec tressubtil ingenieusement
D'hommes & d'animaux, à fin que promptement
De ce grand Vniuers de parcelle en parcelle
On peut mieux remarquer la masse vniuerselle.
Commençant au printemps le Bellier martial
Fait son commencement dans le poinct iour-egal,
Suiuy par le Thoreau, puis la couple iumelle,

Le Cancre, le Lyon, & la chaste Pucelle
Pour le costé du Nort, & par Midy les suit,
Dés le poinct ballançant le iour auec la nuict,
La Ballance du Ciel, le Scorpion qui picque,
L'Archer, le Capricorne, & la Cruche aquatique,
Et pour la fin de tous le tout imaginé
De deux poissons liez est le cercle finé.
Ne montons point plus haut, Muse mon esperance,
Ce pas n'est point franchy de l'humaine science,
L'humain entendement est icy rebouté,
Comme aux rays du Soleil de nostre œil la clarté.
La foy tant seulement aux ailes enflammees
Volle iusqu'au seiour des ames bien heurees,
Et là heureusement void le lieu appresté
A ceux qui ont suiuy iustice & equité.
Descendons donc plus bas, & voyons quel vsage
Donne au neufieme Ciel l'ouurier prudent & sage.
Mon Dieu qu'il est tardif, & quoy tout au rebours
Du mobille premier il tourne & fait son cours,
Traynant son ecliptique engourdie & debile
Soubs celle mesmement mise au premier mobile,
Se coullant en cent ans vn degré seulement,
Contre le cours iournal du premier mouuement,
Par lequel chacun iour est contrainte de faire
Tout ainsi comme luy vne course ordinaire:
Et toutesfois pourtant ses Polles sont diuers
Des Polles arrestez de ce grand Vniuers.
Car si le plan de l'vn dedans l'autre ecliptique
Iuste sans decliner se repose & applique:
Vn Polle dessous l'autre aussi se trouuera,

Et vn essieu tout seul à tous deux seruira.

Ce ne sera donc point sur les Polles du monde

Qu'aura son mouuement ceste Spere seconde :

Mais de son Ecliptique, he mon Dieu qui sera

Celuy qui acheué son propre cours verra?

Son cours qui passe l'an heraclit & cinique,

Finira, finissant le grand an Platonique,

De sept fois sept mille ans : & alors ces beaux corps

Se pourront retrouuer en leurs premiers accords,

Se pourront retrouuer en leur place premiere

D'où les feist deloger le pere de lumiere.

Quoy qu'en vain ce poinct là ait esté recerché,

Il est veu de Dieu seul, & aux hommes caché :

C'est luy qui sçait les ans, les mois, les iours, les heures,

Et non l'homme menteur des recerches futures.

Mon Dieu, que l'hôme humain est plain de vanité

Qui croit de son renom parer l'eternité !

Quel temple, quel colosse & quelle piramide,

Peut atteindre du temps la carriere rapide?

Non pas depuis le iour que ce monde fut fait,

Mais depuis deux mille ans, qui n'est de l'an parfait

La vingtiesme part, & combien que la trasse

Se voye aucunement d'vne & d'vne autre race :

On ne peut toutesfois mitiguer les effects

Du temps, du feu, de l'eau contre les humains faits.

Ie me perdrois icy, Muse, il nous faut descendre

Pour du beau firmament les lumieres comprendre :

Beau s'il y eut iamais rien qui ait merité

De porter sur le front le beau nom de beauté,

Car par le sens de l'œil la beauté est cogneuë.

B iij

Rien de plus beau peut-il s'opposer à la veuë,
Qui comme vn ieune Fan en vn champ spacieux,
S'esgaye en mille parts de la voulte des Cieux.
De la voulte des Cieux de grandeur admirable
De clarté, de rondeur & d'estre perdurable,
Le liure vniuersel, le parchemin ouuert
Dedans lequel on voit escrit à descouuert,
Par le premier moteur autheur de tout le monde,
Les sensibles effects de la cause seconde.
O que l'homme est brutal qui a l'œil attaché
Aux choses de çà bas & le cœur au peché,
Qui son idolle fait d'vne richesse vaine,
D'vn diamant brillant, d'vne maison hautaine,
D'vne suite de gens, d'vn applaudissement
D'vn estat qui n'enfante à la fin que du vent:
Et ne leue les yeux pour tascher de cognoistre
Le seiour où l'esprit perdurable doit estre.
Pythagore & Platon non trop improprement
Ont donné à l'esprit vn certain changement
D'vn en vn autre corps, ô le bel artifice!
Pour demonstrer que l'homme estant plongé au vice,
Brutallement reçoit, selon l'affection
Qui domine en son cœur, vne mutation:
De cruel en lyon, en loup par gourmandise,
De villain en pourceau, en bouc de paillardise:
Mais que cil qui auroit le vice surmonté,
Se verroit dans les Cieux d'vn bel astre porté.
Muse contemplons donc si par ces belles flammes
Quelqu'vne apparoistra de ces diuines ames,
Qui ont aux premiers ans les peuples allechez

Du

Du ſuc de la vertu aborrant les pechez:
Et pour mieux exprimer le tout par ſa partie,
Voyons en quoy ſa Sphere a eſté departie.
En elle ne ſe trouue vn Equinoctial,
Mais bien vn Polle artiq & encore vn auſtral,
Vn petit cercle vrſin & vn autre au contraire:
Et plus qu'aux deux premiers en ce Ciel ie voy faire
Deux cercles au Soleil appellez les retours,
Lors qu'il fait les plus longs & les plus petits iours,
Non de ſon mouuement, mais par la force agille
Du mouuement iournal du rauiſſant mobile,
Leſquels egalement ſe voyent eſcarter
L'Equateur tant du Nort que de la part d'Auſter,
Non fermes toutefois, veu qu'en longues annees
Leurs traſſes ſe font voir hauſſees ou baiſſees
Selon le mouuement de l'auge du Soleil,
Modernement cogneu d'vn labeur nompareil.
Ses Polles neantmoins (ſi Polles i'oſe dire,
D'autant qu'auec raiſon il ſe peut contredire)
Comme vrais Polles n'ont aucun lieu arreſté,
Ains ſe meuuent ſans fin d'vn ou d'autre coſté:
Des poincts de l'Vniuers & à dextre & ſeneſtre
Deux figures y ſont dictes du Geometre
Conoides, d'autant que laiſſant la rondeur,
Font eſtendre leur plan en poincte & en longueur.
Il a ſon ecliptique & encor' d'auantage
Qui la va embraſſant, douze degrez de large
Tant deçà que delà, où les cours differens
Sont à l'eternité des ſept flambeaux errans,
Eſtant cil arreſté ainſi qu'au plus inſigne

Du Soleil tout voyant souz ceste courbe ligne.
Et si faut s'asseurer par ferme coniecture
Que ce beau firmament trois mouuemens endure,
Tous decordans entr'eux, par accordans discords,
Desquels est maintenu l'accord de ce grand corps.
Du mobile premier la vehemence forte
D'Orient par Midy en Occident le porte,
Et le neufiesme ciel lentement tournoyant
D'Occident par Midy le porte en Orient:
Mais de son mouuement on ne l'estime faire
En aucun lieu du Ciel aucun plein circulaire,
Fors qu'autour des deux poincts en deux concauitez
Du neufieme Ciel, esquels sont arrestez
Aries & Libra, à l'entour desquels mesme
Aries & Libra de la Sphere huictieme
Demeurent sept mille ans pour acheuer le tour
De deux Cercles qui vont trassant en leur entour,
Approchant quelque fois la region Australle,
Et quelque fois aussi la Septentrionalle.
Ce mouuement se dit de trepidation,
Cheminant du Midy au froid Septentrion,
Et du poinct opposé en la mesme interualle
Du froid Septentrion en la partie Australle.
Muse, ie voy encor deux grans Cercles passer
Aux Polles de ce monde, & là s'entr'embrasser:
Ainsi que deux amans, dont l'amour mutuelle
Iurent s'entr'embrassant se voir perpetuelle.
Colures ils sont dits, dont iamais le circuit
N'est sur nostre Orison totallement conduit:
Et sont dits imparfaits en l'Horison oblique,

L'vn

L'vn couppant l'Equateur & l'autre l'Ecliptique:
L'Equateur és deux poincts qu'on nomme iour egaux,
Et l'autre aux deux retours nommez Solsticiaux.
Muse ne ramons plus, il nous faut prendre halaine:
Apres quelque repos on retente la peine
Encor' mieux que deuant, & d'vn arc frais tendu
Se monstre au decocher le coup plus fort rendu.
Le marinier expert tousiours ne tranche l'onde
Sans prendre sa largeur ou sans ietter la sonde :
Les coursiers, les limiers pour estre trop pressez
Se voyent à la fin remis & harassez:
Et puis tes chastes sœurs, tes sœurs chastes & sainctes
Retirent leur faueur quand elles sont contraintes.
Iettons l'encre en la mer, le port est asseuré,
Ycy passa Phrixus sur le mouton doré.

FIN DV PREMIER LIVRE.

C

LIVRE SECOND.

Ace de Iupiter, filles de Mnemosine,
Ralumez dedans moy vne fureur diuine:
Et toy pere ayme-vers, accorde à ceste fois
Ta lire auec ma lire, & ta voix à ma voix,
Pour, Prophete, chanter d'vne ardeur maniaque
Les images plantez en ce grand Zodiaque.
Ce grand chemin battu des astres flamboyans,
Sans cesse errans au Ciel, sans cesse tournoyans:
Cercle porte saisons, porte amour, porte vie,
Seruant à Iupiter d'vne escharpe enrichie,
Rendant à ce grand Tout par son obliquité
Ce qu'il peut remarquer de sa felicité.
Ainsi ce grand Hector, ce foudre de la guerre
En escharpe pendoit son large cymeterre,
Dont il jonchoit de corps les champs de l'enuiron,
Et de Manes transiz la barque de Charon.
C'est le riche joyau, c'est la belle seincture
Dont Iupiter orna la tres-sage Nature,
A fin de rendre mieux la disposition
De ce grand Vniuers en sa perfection,
Lors qu'il luy commanda conseruer les semences
Du vaisseau de ce Tout plain des intelligences
De sa diuinité, sans qu'il luy ait permis
A l'œuure commencé aucun temps intermis.

En douze egales parts par diuine industrie
De douze tetragons est sa forme accomplie,
Dedans chacun desquels diuinement appert
Quelque signe au vouloir de l'ouurier tresexpert.
Voyons ce grand Mouton à la toison doree,
Le musle releué, la corne entortillee,
Recherchant la rondeur en la mesme façon
Que nature batist l'arme du limaçon,
Laissant en son tortis vne distance egalle,
Telle qu'on la peut voir en la ligne Spiralle.
Est-ce pas cestuy-cy qui la mer trauersa
Soubs Phrixe, & qui d'vn bord à l'autre le passa,
A lors qu'Helle sa sœur par aduerse fortune
Tomba entre les bras de l'auide Neptune,
Dont pour auoir seruy à son frere de pont
L'endroit s'appelle encor la mer de l'Helespont.
Ce fut luy que les dieux au bord de la marine
Transmirent pour sauuer ceste troupe diuine.
C'est toy, Nephelien, à la riche toison
Qui viens ouurir de l'an la premiere saison,
Quand hoste du Soleil, qui retournant vers l'Ourse
Du iour & de la nuict fais egale la course:
Qui r'asseraine l'air, qui conduit le printemps,
Qui meine pas à pas la ieunesse des ans,
Qui chaque an les amours en ce monde rapporte,
Qui au germe de tout heurtant ouure la porte.
C'est toy qui renouuelles à Progne sa douleur,
Et par qui Philomene encor espointe au cœur
Dessus quelque aubepin employe la iournee
A chanter le malheur du malheureux Theree.

C ij

Sans toy ne reuiendroient les roses & les liz,
Et sans toy ne seroient les costaux embellis :
Sans toy les prez n'auroient ny esmail ny verdure,
Ny les beaux bois touffus leur belle cheueleure.
Tu deglaces le cours des gasoüillans ruisseaux,
Tu coupples bec à bec les lascifs passereaux,
Les tourtres, les ramiers, & toute chose nee
Se range à ton retour sous les loix d'Hymenee.
Sans toy le bon Denis, honneur de tous les fruicts,
Verroit en peu de temps tous ses temples destruits:
Et plus le vigneron aux hauts iours de sa feste
De pampre verdoyant n'iroit orner sa teste.
C'est toy qui deparesse & qui dessille l'œil
Aux pucelles de l'Ide, auant que le Soleil
Monte sur l'Horison, pour d'vne main hardie
Moissonner les honneurs de toute vne prairie,
Dont empourprant leur front & embaulmant leur sein
Font de dix mille amours le delicat essein.
Tu reueilles l'amour des ieunes pastoureaux,
Tu les conduits aux champs auecques leurs trouppeaux,
Et leur fais entonner sur la loure enroüee
L'ardeur dedans leur cœur par l'hyuer recellee.
Mais cependant par eux est prudemment pensé
Si le Soleil en toy sera point eclipsé:
Car cela aduenant, ont augure certaine
Le danger estre grand sur toute beste à laine.
Celuy qui vient sous toy voir du ciel la clarté
Humble, amiable & doux ensuit la pieté:
Aussi as-tu esté l'honneur des sacrifices
Lors que l'homme a voulu rendre les Dieux propices,

Mars s'eſiouiſt en toy, en toy eſt ſa maiſon,
En toy le Soleil a ſon exaltation:
Maſculin, chaut & ſec tu regardes l'Aſie,
Et gouuernes de nous la plus belle partie.
De treize petits feux Iupiter t'eſtrena
Quand deuant le Thoreau ta place il ordonna,
Compenſant le deffaut de leur peu de lumiere
En te donnant de l'an la place la premiere.
Ie chanterois encor' ſi auecques ton cours,
Ingrat, tu n'emportois le plus beau de noƷ iours,
Si comme ja recreu tu ne cedois la place
Au Thoreau blandiſſant qui te ſuit à la traſſe.

LE THOREAV.

LE Thoreau dont Iupin cautement ſe couurit
  Au bord Sidonien, à lors qu'il deſcouurit
La fille d'Agenor, dont la grace immortelle
Effaçoit du prim-temps l'apparence nouuelle:
Et qui, comme vn Soleil embelliſſant les Cieux,
Embelliſſoit Sidon de l'obiect de ſes yeux:
Embelliſſoit Sidon ainſi que la nature
Embelliſt vn prim-temps d'eſmail & de verdure.
Deſſous ce maſque feint quittant la deité,
Luy-meſmes adorant ceſte diuinité,
Marchoit à petits pas au coſté de la belle,
Cueillant qui çà qui là auec mainte pucelle
Le bel eſmail des prez, ſemblant d'vn doux accueil
Suiure comme captif les beaux traits de ſon œil.
Louant ceſte douceur, de ſa main luy façonne
Vn beau tortis de fleurs dont elle le couronne,

Et pour l'apriuoiser, parmy le pré cueilloit
Le trefle brin à brin, qu'elle luy presentoit.
Mais le subtil amant, poußé d'vne autre enuie,
Léchant sa belle main peu à peu la conuie
De s'approcher de luy, qui boüilloit du desir,
Dont il tira apres l'vsure à son plaisir.
La belle Europe ainsi du pipeur enchantee
Monte dessus son dos, le conduit par la pree,
Aise de triompher des autres en beauté,
Et luy de voir vssir ce qu'il a proiecté:
Soubs elle lentement tant çà & là chemine,
Qu'il se rend peu à peu au bord de la marine,
Du bord entre dedans, & cognoissant que l'eau
Pouuoit porter le faix d'vn si riche fardeau,
Ronflant de grand ardeur, le col leué se iette
Dans l'azur de Thetis, & nageant droit à Crette
Laisse le bord remply de plaintes & clameurs,
Et Agenor noyé en deux ruisseaux de pleurs.
La Crainte ce pendant, qui seule est demeuree
De toutes les vertus apres la belle Astree,
Seule par qui ingrats leuons l'œil vers les cieux,
Et porte nos pensers iusqu'au trosne des Dieux.
D'Europe effrayement saisit l'ame craintiue,
Et chassant le vermeil de sa couleur naifue
Luy glace en l'estomac le sang là arresté,
Ayant desia fuy chacune extremité,
Et hor-mis le parler, la rend toute semblable
A ceux que Charon passe en sa barque effroyable:
Voyant de l'Ocean mille monstres diuers,
Et du sein de Thetis les abismes ouuers.

Dieux, disoit-elle alors, la peine que ie souffre
N'est pour voir mon cercueil au milieu de ce gouffre,
Mais pour le dur regret conduisant à la mort
Agenor dont i'estois la vie & le support :
Neantmoins, ô bons dieux, si ma mort peut suffire
A destourner ailleurs les brandons de vostre ire,
Permettez que mon Roy, mon peuple & ma cité
Ne puissent iamais voir vostre bras irrité.
Ce pendant Iupiter trassant à longue alaine
Les replis escumeux de ceste humide plaine,
Se rend sur le sablon où Lethe violent
Dyda va sans repos chez Neptune roullant.
Il met Europe à bord & de mainte parolle
Apres mille baisers la cherist & console :
Et pour perpetuer vn acte si nouueau,
Mit apres le mouton l'image du Thoreau.
Dont on peut remarquer la clarté infinie
Par trente trois flambeaux dont elle est embellie.
Il luy planta au chef les Dodonides sœurs,
Qui la cendre d'Hyas baignent encor' de pleurs :
Puis mist à son costé compagnes des Hyades
Filles de l'Ocean, les sept belles Pleiades,
Dont l'Agricolle expert espie le coucher
Auant que le fourment sur la terre espancher.
Vous n'auez point voulu, chaste trouppe atlantide,
La trame de voz iours surcroistre l'homicide
De ce gentil veneur dont le mal-heureux sort
D'vn Lyon fut conduit aux riues de la mort.
C'est toy, belle Electra, qui au bord Phrigien
De Iupin engendras le sang Dardanien,

Tige de tant de Dieux, dont la digne excellence
Fournit iusqu'au iourd'huy de Rois à nostre France.
Rois qui portent escrit (t) au front & aux yeux
Qu'ils sont vray'ment issus de la race des Dieux:
Et quiconques a dit, qu'ayant les deux Atrides
Souillé du sang Troyen leurs dextres homicides,
Pleurant tu delaissas la troupe de tes sœurs,
Pour mieux te consommer és ruisseaux de tes pleurs,
Deuoit pour bien parler, Prophete veritable,
Dire que d'Ylion la flamme lamentable,
Pardonnant à Francus, le contraignit armer
Quelques vaisseaux en haste, & vagant sur la mer
Dix ans malgré Iunon, (t) l'indigné Neptune
Secouru de Palas esclarant sa fortune,
Uint apres maints trauaux (t) grand perte des siens
Donner comme à trauers aux bords Sicambriens,
Comme là il bastit, comme il fut là vainqueur.
Mais cela n'egallant la grandeur de son cœur,
Faisant encor amas de sa petite bande,
Paroissant toutesfois sur ceste masse grande,
Ainsi que les rayons de l'œil de l'Uniuers
Paroissent dans le ciel sur tant d'astres diuers:
Mettant feu és vaisseaux, entre en la Theuthonie,
Et du nom de Francus vint nommer Franconie,
Sur les riues du Rin, où passé quelque temps,
Ne se sentant encor ses successeurs contens,
Ainsi qu'vn feu du ciel rauageant vne plaine,
S'en vindrent rauageans, iusqu'aux riues de Seine.
Ils bastissent aux Dieux, ils bastissent aux Rois,
Et pour paix & pour guerre ils ordonnent leurs loix,

Et

Et de Francus issus, effaçant l'arrogance
Des Gaulois cheuelus, de Gaule firent France,
Dont l'Empire asseuré esleué glorieux,
Ioug de tous autres Rois son throsne iusqu'aux cieux,
Et que toy reuoyant ta race replantee,
Pour heureuse regir si heureuse contree.
Race à qui les destins de long temps ont promis
Rendre tout l'Vniuers soubs leur sceptre submis.
Race qui doit vn iour de tant d'iniques Princes
D'vn foudre rougissant balloyer les prouinces,
Redoublant ta clarté comme vn astre nouueau,
Plus belle te logeas sur le front du Thoreau,
Iupiter te iurant, que tant que ta lumiere
Feroit de ce grand Tout la route coustumiere,
Que cest Empire sainct de tant d'heur decoré
Seroit à tes neueux à iamais asseuré.
De l'Arabe tu es Aldebaran nommee,
Tu deuances l'Esté, & sa chaleur passee,
Tu te remonstres encor' brillante dessus l'œil
Du celeste Thoreau, comme vn petit Soleil:
Du celeste Thoreau amiable & propice
A tous arbres fruictiers antez par artifice,
Riche d'estats, de biens & de possession,
Soubs qui Lucine prend son exaltation,
Et y loge la nuict: mais la belle des belles
Y demeure le iour, Mars commun auec elles,
Terrestre, feminin, nocturne Ethiopien,
Gardant le col humain sec & meridien,
Ie ne te chante plus, pressé de la venuë
Des enfans de Leda, qu'il faut que ie saluë.

D

L'VNIVERS DE
LES IVMEAVX.

IE vous saluë donc, Iumeaux amicleans,
Tindarides guerriers, bessons Laconiens,
Qui des bords d'où Eurote en la mer ses flots meine,
Naquistes fils d'vn œuf d'vne belle Thebayne,
Race de Iupiter, desquels le bras guerrier
Osa le Brebicie au combat deffier,
Lors qu'Argon honorant vostre belle ieunesse
Vous receut compagnons des Heros de la Grece.
Argon qui effroya soubs Thiphe audacieux
Du seiour de Thetis les monstreux demy-dieux:
Tiphe, qui contraignit des vents mutins la rage
D'obeir garrottez aux loix de son cordage.
Depuis ce iour, guerriers, vous auez eu soucy
De ceux qui hasardeux voguent à la mercy
D'vn vaisseau, d'vn rocher, des vents & de fortune
Sur les flots repliez de l'irrité Neptune.
Polux ie te saluë, & si saluë encor
L'amitié que portas à ton frere Castor,
Castor du tout mortel, sans ta faueur benigne,
Qui le feit compagnon de ta vertu diuine,
De dixhuiĉt flambeaux vostre pere tresdoux
Orna vos chefs, vos bras, vos ventres, vos genoux,
A fin qu'on remarquast, que la Diuine essence
Ne laissa vos vertus sans deuë recompense.
Ceux qui viennent soubs vous voir cest alme Soleil
Begnins vous les poussez par vn heur nompareil
Aux biens, estats, honneurs, & desireux d'aprendre,
Maints voyages loingtains leur faictes entreprendre.

Vous donnez le sçauoir, parens, amis, beauté,
Religion, conseil, iustice, & loyauté.
Occidentaux iournels d'ærine nature,
Masculins, doux, sanguins, logeant de iour Mercure,
Et Saturne la nuict : mais ce grand Iupiter
Vient de iour & de nuict commun vous visiter.
Vous dominez les bras, vous deprimez la queuë
Du grand Dragon ventru, de la Lune cornuë,
Vrayement, freres begnins, si iamais les neuf sœurs
Me font pancher le front sur leurs sainctes douceurs,
Ie veux chanter de vous comme au fort de l'orage
Les pauures mathelots ayant perdu courage,
Ayant perdu le mast anthennes & thimon,
Leur vaisseau fracassé, n'attendant plus sinon
Que Neptune enragé dedans son precipice,
Proye aux Orques marins tous vifs les engloutisse.
Vous combattez pour eux Eolle depité,
Calmant le front hideux de ce Dieu irrité,
Et pour presage seur d'vne bonne esperance
De vos diuins flambeaux leur donnez apparance:
Mais attendant cela, ie veux dessus le bord
Où vint surgir la nef de Francus fils d'Hector,
Ayeul de mon grand Roy, Roy qui d'heur & de grace
Monstre qu'il est issu de la Troyenne race,
Sur la pointe d'vn roc qui voisine les Cieux
Bastir contre le temps d'vn art laborieux
De marbre parien vn grand pillastre athique
Enrichy tout autour de l'histoire autentique
Du sang Dardanien appendant enuiron
Vne hune, vn thimon, vn mast, vn auiron,

D ij

Le tout à voſtre honneur, & pour mieux faire entendre
Que ſauuaſtes Francus és riues de Sicambre,
D'vn carractere attiq de fin or releué
Sera le vers ſuyuant au futeur engraué.
Francus, malgré Iunon, coupable de la cendre
D'ilion & du ſang, dont regorge Scamandre,
Aidé de la faueur de Pollux & Caſtor
Au pied de ce rocher en fin vint prendre port,

LE CANCRE.

IA Phebus pluſieurs fois eſtant chés les Iumeaux,
Auoit plongé ſon char és Atlantides eaux,
Et redoublant d'ardeur ſa courſe vagabonde,
Doroit le front panché de la moiſſon feconde.
Quand ſur le haut du iour Iupiter Lybien,
Reuenant du feſtin d'vn Dieu Ethiopien,
Qui auoit à ſon tour feſtoyé la brigade
Des Dieux circonuoiſins ſoubs vne grand fueillade.
Ayant de Garamant attaint le courbé bort:
Garamant vn grand Dieu, fleuue puiſſant & fort,
Veit deſſus le ſablon de ſon riuage humide
La fille d'iceluy, dicte Garamantide,
En qui Nature auoit employé le ſçauoir
Et la faueur du Ciel qu'elle pouuoit auoir.
Ceſte vierge portoit de Pallas la pucelle
L'armet, lance & pauois, & marchoit deuant elle,
Et quelque fois encor le corſelet doré
Que le feure des Dieux auoit elabouré:
Soit ou bien que Bachus de ſa fureur diuine

Euſt de ce grand Iupin eſchauffé la poitrine,
Ou que le petit dieu ſouuent de luy vainqueur
Euſt de ceſte beauté eſpoinçonné ſon cœur,
Il la prie, il la ſuit: elle fuit, il pourchaſſe,
Et tant continua & la fuitte & la chaſſe
Que l'œil leué aux Cieux la belle diſt ainſi.
O ma chere Palas, ſi onc tu eux ſoucy
D'aider à ſon beſoin, vierge qui t'ait ſeruie,
Vueille plus toſt garder mon honneur que ma vie.
Et lors à chef panché dans l'onde s'auança
Du pere Garamant qui ſa fille embraſſa:
Mais la bonne Palas voulant eſtre eternelle
La ſainĉte volonté de ſa ſerue fidelle
Rapetiſſant ſon corps, de peur que ce grand Dieu
Ne la cogneuſt encor' en l'Aquatique lieu,
Du haut iuſques en bas luy a changé ſa forme,
Et non ſon naturel, touſiours au ſien conforme:
Et neantmoins ainſi armee comme eſtoit
Lors que ſuperbement deuant elle marchoit,
Et pourtant ne ſe ſent ſous les eaux aſſeuree
S'elle n'eſt dans les creux des riues enterree,
Ne pouuant endurer ſon petit corps toucher,
Sans du bec & des pieds ſoudain ſe reuencher.
Ce grand heros Hercul', ce grand dompteur du vice
Ne fut-il pas mordu au pied d'vne eſcreuice
Lors qu'il enfonçoit l'arc de ſon bras indompté,
Sur l'Hydre teſte ſept, non encor' ſurmonté?
Ce fut pourquoy Iunon ſa maraſtre cruelle
Meiſt l'Eſcreuice au Ciel, & fit reluire en elle
Neuf beaux petits flambeaux, entre leſquels eſtoient

D iij

Les asnes aureillez qui les Faunes portoient,
Lors que Gige & Briare au haut sommet d'Octrie
Faisoient en vain du Ciel egalle departie.
D'autant que de leurs criz iusqu'au Ciel esclatez,
Laisserent le combat, fuyans espouuantez.
Alors que le Soleil entre dedans ce signe,
A toute Europe il fait le iour le plus insigne
Qu'il face en tout vn an soit de claire splendeur,
De rayons de chaleur, d'horison de grandeur.
Humide, nocturnal, feminin, aquatique,
Froid Septentrional, mobille, flegmatique,
Signe où loge la Lune, exaltant Iupiter,
Faisant le cruel Mars sous luy precipiter,
Donnant prez, bois & champs, & qui en nous domine
Le poulmon, les costez, l'haleine & la poitrine.
Puisses-tu à iamais dans ton palais obscur
De la main du pescheur vser ton temps sans peur:
Et que iamais de toy, pour vn mets delectable
Des Princes & des Rois ne se couure la table.

LE LYON.

L'Adultere Phœbus ses coursiers auançant,
Et ja plus que deuant sa Thetis cherissant,
Leur donne le loisir d'vne plus longue haleine
Desalterer leur soif dedans l'humide plaine,
Quand hoste du Lyon il voit sur les guerets
Verser les cryns dorez de la blonde Ceres,
Qui proye au laboureur effacent en vne heure
Des labeurs auancez la pretenduë vsure:

Du Lyon rugiſſant qui de tout le beſtail
De Molorque Nemee eſtoit l'eſpouuantail,
Ains que ce grand Heros pour inſigne trophee
L'eſtouffant ſe veſtit de ſa peau heriſſee:
Dont Iupin honorant ceſte acte glorieux
Par vingt & ſept flambeaux l'a portrait dans les Cieux,
Le faiſant apparoir par vne eſtoille veuë
Au ſeneſtre coſté, & vne autre en la queuë,
Dont les brillans rayons d'vn inſigne clarté
Les autres vont paſſant de grandeur & beauté.
Ce ſigne eſt chaut & ſec, iournel arreſte-maſle
Regardant plein de feu la part Orientale,
Il loge le Soleil, il domine le cœur
Les cuiſſes & le doz, & l'homme belliqueur
N'aiſt volontiers chez luy, qu'il rend incomparable,
Aimé beau, grand & fort, arrogant, redoutable,
Conduiſant de bon œil les eſgarez vaiſſeaux
Qui vont frayant le doz du vieil amas des eaux:
Et void bien rarement des gorges de borree,
Ou d'vn banc my couuert la nauire eſchouee:
Ou par le bris d'vn roc eſparſe en mille parts,
Les pauures mathelots qui çà, qui là eſpars
A la faueur d'vn ais, d'vn mats ou d'vne hune
Pitoyable iouët de Thetis importune.
Pres de ſa queuë il a les beaux crins deliez
Iadis de Berenice à Venus dediez:
Et neantmoins l'horreur de ſa forme cruelle,
Couard, fuit le bel œil d'vne chaſte pucelle.

LA VIERGE.

A Strée, qui laiſſant les hommes vicieux
De vingt & ſix flambeaux ornes l'endroit des Cieux,
Qui ſuiuant le Lyon à la longue cryniere
De ton bel eſpy d'or ſe rempliſt de lumiere:
Et bien que l'homme humain de tout vice entaché
De long temps ait attaint le comble de peché:
Et bien qu'il ait ſouillé du pur ſang de ſon frere
Le ſein lors impolu de la terre ſa mere,
Qui auant ce meſchef liberalle auoit ſoin
Luy donner ſans labeur toute choſe au beſoin:
Et qu'il ait arraché refoüillant de ſes entrailles
L'or, l'argent & le fer, trois horribles tenailles,
Trois gennes, trois ſerpens, trois hydres, trois fleaux
Du cœur de l'homme humain les antiques bourreaux,
Qui puis deſracinant du fond de ſa matrice
Les gros rochers par luy antez par artifice
L'vn ſur l'autre à l'entour des champs qui habitez
Ont des proches voiſins genné les libertez:
Si ne deuois-tu pas, Vierge prudente & ſage,
Delaiſſer le thimon au plus fort du naufrage.
Ton glaiue puniſſant ne fut onc inuenté
Pour eſtre mis au Ciel plain de toute equité.
Vierge tu me diras qu'auant ceſte infortune
La terre à ſes enfans eſtoit mere commune,
Et qu'auant ce forfait le tyrannique effort
N'auoit contraint le foible à obeir au fort:
N'auoit encor' apprins au iournallier plebee
Chaſſer la palle faim à grands coups de cognee,

Ou

Ou d'vn pic accré vne pierre assaillir,
Pour suant tout vn iour du pain faire saillir:
Mais fraternellement d'vne concorde pure
Diuisoient les presens de leur mere Nature,
D'autant que lors n'auoit ny Pandecte ny loy,
Par qui on dist cecy est à toy ou à moy.
Neantmoins la vertu de toy, diuine Astree,
Au cœur de quelques vns est tousiours demeuree,
Bien que la plus grand part des hommes obstinez
Tousiours encontre toy se soient veuz mutinez,
Tousiours s'est veu quelqu'vn cachant en sa poitrine
De droit & d'equité la semence diuine:
Et mesme cil qui naist quand ton œil variant
Orne nostre Horizon en l'angle d'Orient,
Luy donnant & douceur & beauté accomplie,
Gouuernant sagement du ventre la partie.
Mercure ingenieux est ton hoste de nuict,
Et pour estre exalté diligemment te suit.
Tu regarde au Midy, & ta froide nature
Feminine & terrestre aime la nuict obscure.
Vierge tu emportas de l'equitable loy
Le fleau ballancier, que logeas apres toy,
Ne laissant icy bas és mains de l'iniustice
Qu'vn poids propre à poiser l'or, l'argĕt & l'espice:
Tenant en equilibre & le tort & le droit,
Sans hausser ny baisser à gauche ny à droit,
Tant que l'or d'vn costé mis en plus d'abondance,
Ou du tort ou du droit emporte la ballance.

E

LA BALLANCE.

Par huict flambeaux se void le celeste fleau,
Masle iournel, mobille, ayant la nature d'eau,
La maison de Venus, qui exalte Saturne,
Receuant auec luy Iupiter & la Lune
Chacun en dix degrez, & quiconques est nay
Lors qu'il est acendant, est assez fortuné,
Et toutesfois suspect de rendre infortunee
La demeure chés luy du nopcier Hymenee,
Qui en ses deux moitiez egalle le mechef,
D'auoir comme Acteon des rameures au chef.
Il rend l'homme doubteux, & d'assez longue vie,
Du ventre gouuernant la plus basse partie.
Puisses tu reuenir, saincte fille des Dieux,
Astree encor vn coup en ces terrestres lieux
Chastier le forfait, maintenir l'innocence
Au iuste contrepoids de ta saincte ballance.

LE SCORPION.

Mais ie voy arriuer le picquant Scorpion,
Le monstre terre-nay triomphant d'Orion,
Remarquant dans les cieux pour insigne memoire
Par vingt & vn flambeaux si notable victoire:
Il est maison de Mars, feminin, nocturnal,
De la nature d'eau, froid, Septentrionnal,
Plain de corruption, ennemy de nature,
Pesteux, fornicateur, aguillon de luxure,
Regissant ce qu'en nous la nature a tasché

Par honneste respect estre à nos yeux caché,
Blandissant, affronteur, n'ayant plus bel office
Qu'à nous remplir de mal & inciter à vice:
Aussi pour son horreur l'Archer audacieux
Le suit à coups de trait pour le chasser des Cieux.

L'ARCHER.

L'Archer Crote, qui fut alaicté des mamelles,
Ayant donné le laict aux neuf chastes pucelles,
Filles de Iupiter, qui ayant combattu,
Ainsi qu'elles, le vice, & suiuy la vertu,
Fut transporté au Ciel à l'instante priere
De ses pudiques sœurs par Iupiter leur pere,
Le faisant apparoir plain d'immortalité
En trente deux flambeaux par insigne clarté:
Iournel, Oriental, chaud & sec de nature,
Masculin, plain de feu, la iournelle demeure
De ce grand Iupiter, Iupiter pere aydant,
Là où d'vn trine aspect, begnin, est regardant
Comme il fait aux Poissons sa demeure nocturne,
La maison du Soleil & celle de la Lune:
Il rend l'homme begnin, doux & religieux,
Hault, droit, beau, agreable, humble & deuocieux,
Exaltant du Dragon la derniere partie,
Qui conduit vers Auster l'amante de Lathmie.
Mobille, il ne promet que n'aufrage & danger
A ceux qui vont soubs luy sur les eaux voyager:
Mais par terre on le void fauoriser la trasse
De ceux qui vont suiuant le deduit de la chasse.

E ij

Il fauorise encor les Prelats, les marchans,
Et celuy qui conduit la Dame sur les champs.
Les cuisses il domine, & augmente l'herbage
Des montagnes, des bois, & de tout pasturage,
Dedans l'espais duquel on le void inuiter
La Cheure qui nourrit le pere Iupiter,
Alors qu'il fut baillé de la troupe sacree
Des Curettes diuins à la belle Amalthee.

LE CAPRICORNE.

LA Cheure qui le suit brillante d'esplendeur
Par vingt flambeaux luisans de moyenne grandeur,
Dominant du Midy la moyenne partie,
Et en nous les genoux & la melancholie.
Ce signe rend petit, pourtant audacieux,
L'homme qui vient sous luy voir la clarté des Cieux,
Beau, cault, subtil, secret, melancholic, seuere,
Ingenieux, prudent, mais ardent de cholere:
Amy des laboureurs, fidelle aux pastoureaux,
Et à qui veut hanter le riuage des eaux,
Et generalement à toute l'assemblee,
Et au labeur commun de la tourbe plebee,
Terrestre, feminin, amy d'obscurité,
Dedans lequel on void Mars cruel exalté:
Et reçoit dedans luy le vieil pere Saturne,
Saturne mange enfant, sa demeure nocturne.
C'est la Cheure qui met le nocher en soucy,
Qui le fait esprouuer d'un gouffre la mercy,
Mesmes lors que la nuict d'une voye incertaine
Il veut frayer le dos de ceste humide plaine.

LE VERSEAV.

APres la Cheure on voit en clarté apparent
Le bon Deucalion, la perte reparant
Du genre des humains ayant la terre ronde
Monstré ses rains fecons hors l'vniuerselle onde,
Qui pour ce digne effect du grand pere des Dieux
En quatorze flambeaux fut figuré aux Cieux,
Tenant dessous son bras pour notable apparence
Le grand Vrne versant l'eau en toute abondance.
Ce beau signe de l'air reçoit son naturel
Regnant sur l'Occident masculin & iournel,
Et de l'homme mortel les iambes il domine,
Le rendant volontiers de nature sanguine,
Beau, affable, courtois, doux, benin, gracieux:
Quelque peu saturnin, prudent, deuotieux,
Cherissant tant qu'il peut estangs, lacs & riuieres:
Sepulchres destournez, marests, paluds, fondrieres.
Mais sans nulle pitié des vaisseaux esgarez
Frayant de l'Ocean les sillons azurez,
Mesme pres de l'endroit où Helice la belle
Esclaire le Zenith de sa flamme eternelle:
Pour la longueur des nuicts, lors que l'alme flambeau,
Fuyant leur Horizon, loge chez le Verseau.

LES POISSONS.

IE ne te puis chanter, delicate Cyprine,
Sans encor' r'allumer l'ardeur de ma poitrine:
L'ardeur qui s'enflamma lors que ma liberté

Se perdit en l'obiect d'vne digne beauté.

Lors, di-ie, qu'il repleut, Venus alme deeſſe,

Me monſtrer Helicon & Parnaſſe & Permeſſe:

Pource Nympheaime riz, aime chants, aime vers,

Aime pleurs, aime fleurs, Ericine aux yeux vers,

Fauoriſe ces vers que i'appens pour hommage

Au temple Paphien, aux pieds de ton image.

Apres auoir Venus & ſon fils Cupidon

Honoré de leurs pleurs les reliques d'Adon,

Ainſi que tous les ans d'vn ſainct anniuerſaire

Sur la fin de l'Auril a couſtume de faire,

Voulant voir de çà bas ſes temples honorez,

Et de quelle ferueur ils eſtoient reuerez,

Laſcha de ſes coulons la delicate bride

Et paſſant au deſſus d'Amatunte & de Gnide

Ida Timo, Miſcalle & de mille citez,

Où l'on auoit baſty à leurs diuinitez,

En fin comme l'oyſeau qui rode dans la nuë:

Puis fond tout à vn coup ſur la proye apperceuë.

Venus apres maint tour par le tour ſpacieux

Deſſus le bord d'Eufrate arreſtant ſes beaux yeux.

Choiſit vn lieu ſacré par nature treſ-douce,

Et d'elle dedié aux Nymphes porte trouſſe,

Pour eſtre le repos de leurs membres laſſez

Aux plus grandes chaleurs du trauail haraſſez.

Là d'vn rocher hautain la pante recourbee

Couuroit d'vn antre obſcur la ſolitaire entree,

Où iamais du Midy le Soleil tout voyant

Ne ietta les rayons de ſon œil flamboyant

Ny du peſteux Auſter la gorge enuenimee

N'y vomit violent son alaine infectee,
Ains du fier Aquillon, amy de la santé
Estoit ce sacré lieu sainctement frequenté:
Pour estre droictement opposé vers les Ourses
Par où ce Cithien fait ses iournelles courses:
Là Venus descendit, & ayant contemplé
Le contour de ce lieu de mille arbres peuplé,
Dont des fruicts & des fleurs la beauté nompareille
Rauissoient ces beaux yeux d'vne douce merueille,
Souhaita mille fois que la bonté des Dieux
La peut licencier de retourner és Cieux,
Pour là de son Adon dessus l'herbe nouuelle
Cueillir mille baisers de sa leure iumelle:
Et ayant despouillé le manteau Tyrien,
Le courset recamé d'vn or Sidonien,
La Tunique ondoyant d'vne soye pourprine
Monstra peu s'en fallut sa charnure diuine :
De la mesme couleur qu'vn beau bouton esclos
D'vn rozier purpurin dans vn cristal enclos,
N'ayant rien par dessus qu'vne toille de soye
Ou vn crespe de Tyr des plus fins que l'on voye.
Ce pendant Cupido l'arc doré enfonçoit,
Et au haut d'vn ormeau Progne en vain menaçoit
Qui gazouilloit encor' de sa gorge enrouee,
Les pariures amours du malheureux Theree.
Il tire, mais en vain, mais en vain toutesfois
Le traict ne tomba pas en l'espaisseur des bois:
Là où Thiphe dormant receu à l'aduenture
Du garrot descoché l'amoureuse pointure
Pressé de la douleur en sursaut esueillé

Apres s'estre du coup en vain esmerueillé,
Ainsi qu'vn tourbillon que l'ire du Ciel chasse
Brosse à trauers le bois qu'il rompt, brise & fracasse,
Menant vn pareil bruit que les foudres ardens
De Iupin courroucé sur Épire grondans:
Quand l'orgueil des rochers du haut de la montagne
Roulent escartelez, effrayant la campagne.
Venus plaine d'esmoy, ententiue escoutoit
Quand par dessus le bois ce Colosse apperçoit,
Qui des plus hauts sapins outrepassoit le feste
Des espaules, des bras, du col & de la teste.
Lors fuyant la fureur de ce monstre inhumain,
Prenant de Cupido la delicate main,
Luy dist fuyant: Mon fils ce monstre plain d'audace
Est ennemy iuré de toute nostre race,
Cruel il porte escrit & au front & aux yeux
La crainte, la terreur & la frayeur des Dieux.
Lors courant vers Eufrate au doux miel de sa langue
Promptement profera ceste prompte harangue:
Euphrate amy des Dieux, si iamais tu euz soin
De leur diuinité, estens à ce besoin
Tes bras pour reccuoir l'Ericine deesse
Auec son Cupidon qui te fera promesse,
Partout ce qui se peut, d'vn iour te contenter
De ce que tu voudras librement souhaiter.
I'ay encor' en Paphos mille & mille pucelles
Dont la moindre en beauté excede les plus belles
Du reste de la Grece, & point ne mentirois
Quand de tout l'vniuers encor' ie te dirois:
Si aucune en y a qui ton vouloir egale

Tu en pourras orner ta couche coniugale,
Et ie feray que d'elle & de toy sortiront
Mille enfans qui vn iour redoter te feront
Des Princes tes voisins, augmentant d'auantage
La grandeur de ton cours, & verras ton riuage
De mille & mille fleurs à iamais esmaillé:
Et si feray encor' que ton peuple escaillé,
Multiplira sans fin, & de mille Nayades,
Driades aime iouc, Tritons, Amadriades,
Ie rendray plantureux ton humide seiour,
Y logeant à iamis les Graces & l'Amour.
A peine eut-elle dit, que ce bruyant tonnerre
Trassant en vn seul pas tout vn arpent de terre,
Estendoit ja la main tainte de cruautez
Sur l'albastre immortel de leurs diuinitez:
Mais tout ainsi qu'on void l'Aigle du ciel descendre
Sur le signe innocent des riues de Meandre,
Qui neantmoins fraudant les griffes de l'oiseau
Plonge à col estendu és abysmes de l'au:
Venus les bras ouuers & la teste panchee
S'est en l'horreur des eaux de l'Eufrate eslancee,
Auec son Cupidon, que le fleuue puissant,
En toute humilité leur grandeur caressant,
Reçoit benignement & remply d'allegresse
De se voir honoré d'vne telle deesse,
Sur vn char coquillé de six Tritons tiré
Luy monstre la grandeur de son cours azuré,
Luy fait voir le palais & l'antique repaire
Donné à ses ayeuls de l'Ocean leur pere.
Mais Venus preuoyant à toute seureté

F

Changea le delicat de leur diuinité:
Et print elle & son fils l'Aquatique figure
De deux glissans poissons couuers d'escaille dure,
Trompant par ce moyen dans ces rets cauerneux
Retraite des Tritons & grands palais herbus
Des Nymphes ayme l'eau, aime riue, aime herbage,
De Tiphe eschelle Ciel, la depiteuse rage.
Ce pendant Iupiter, Iupiter qui tout void
De courroux my-courbé ja sa dextre eslançoit,
Pour de Tiphe cruel d'vn esclatant tonnerre
Rendre le sang espars sur les flancs de la terre.
Mais si tost ne cogneut Venus hors de danger
Qu'oubliant le desir de se vouloir venger
Pour mieux rendre ce faict d'eternelle remarque
Orna de deux poissons la fin du Zodiaque,
Queuë à queuë accouplez l'vn & l'autre enlassant
Du Ceste de Venus au Ciel resplendissant
Par trente & quatre feux dont la clarté insigne
Formant dedans le Ciel vn debonnaire signe,
Exerçant nocturnal sa domination
Sur le dextre costé du froid Septentrion.,
Et sur les pieds humains feminin, Aquatique,
De la nature d'eau, delicat, flegmatique,
Rendant entierement beau, doux, & gracieux
Celuy qui vient sous luy voir la clarté des Cieux.
Il exalte Venus, & Iupiter prend cure
Faire dans iceluy sa nocturne demeure:
Il appaise Boree, il accoyse les flots,
Il ouure l'Ocean, poussant les matelots
Sur le doz de Thetis & du pere Neptune,
Qui balancent leur vie au poids de la fortune.

LIVRE TROISIESME.

C E ne seroit assez, chaste & diuine trouppe,
Boire dans Helicon ou monter sur la croupe,
De vostre double mont, pour de cest Vniuers
Dignement entonner les miracles diuers.
C'est assez pour celuy qui mignardant la lire
Chantre de Cupidon, ses angoisses souspire,
Ou qui d'vn graue son tragiquement hautain
Sonne les faits des Roys sur la trompe d'airain,
Reueillant leurs ayeuls endormis sous la cendre
Du feu Grec, ou noyez és ondes de Scamandre:
Ou bien d'vn vers plus doux, chanter aux villageois
La semence du grain, ou la couppe des bois.
Mais moy ja tout rauy & ja sentant mon ame
Esprinse de l'ardeur d'vne diuine flamme,
Ie ne puis inuoquer d'vn cœur deuotieux,
Pour guide de mes vers, que le pere des Dieux.
Dictean Idean pere, fais moy la grace
De chanter au futur les Heros de ta race,
Qui de mille flambeaux d'vn lustre radieux,
Vaguent plains de clarté par la vouste des Cieux.

F ij

L'VNIVERS DE
LA GRANDE OVRSE.

Comme sur les iumeaux à la tresse doree
Approchant de l'Essieu du Cithien Boree,
Sur le Cancre ayme-l'eau, & sur le fier Lyon
Brillent les feux ardens de l'Ourse Caliston,
Nombrez par vingt & sept, mais sept en apparence
D'vn lustre plus parfait monstrent leur excellence:
Dont les quatre vn quadrangle au flanc font apparoir,
Et trois dedans la queuë ardentes se font voir,
Que le sçauant pasteur par long & long vsage
Dit le grand char du Ciel en vulgaire langage.
Char qui ne voit iamais deualler ses cheuaux,
Fuyant l'alme Soleil au vieil amas des eaux:
Ains sur nostre Horizon sans cesse fait la ronde
Du Polle boreal de cest vniuers monde.

LA PETITE OVRSE.

AVpres duquel encor', non de telle grandeur,
Vne autre Ourse se voit de moyenne splendeur,
Cinosure est son nom, qu'Arate auec Elice
Du Dieu Dodonien dit fidelle nourrice,
Alors qu'il fut sauué dans l'antre dictean,
Des Curettes diuins sur le mont Idean:
Doz à doz becheuet elles parfont leur course,
Petite toutesfois quand à la petite Ourse:
D'autant que de sa queuë est l'astre flamboyant
Si pres du Polle artic lentement tournoyant,
Que sans distinction ceste diuine estoille

Ou l'estoille du Polle, ou le Polle s'appelle.
Tiphe premier rocher la cognent le premier,
Alors qu'il se rendit de voguer coustumier,
Quand de mats, de timon, de voille & de cordage,
Reigle l'orreur des vents aux loix du pillotage.
C'est elle qui rameine apres tant de trauaux,
Apres auoir passé tant de mondes nouueaux,
Apres que l'air, le feu, l'eau, le ciel & la terre,
Pesle-mesle confus, ont mis fin à leur guerre,
Les nochers & les naifs, & leur fait voir le port
Par eux tant desiré, & leur nauire à bord.
Par elle ils sont certains de la iuste interualle,
Que s'eslogne de nous la ligne iour-egalle,
Iugeant par cest effect en quelle & quelle mer
Ils sont, & par quel vent il leur conuient ramer:
Pour voir encore vn coup leurs routes accomplies,
Parens, femmes, enfans, biens, maisons & patries.

LE DRAGON.

ENtre elles toutesfois estinceler ie voy
En trente & vn flambeau le Dragon plain d'effroy,
Qui iadis gardien du verger Hesperide
Estouffa soubs le faix de la masse d'Alcide,
Aucuns ont affermé que c'est cil que Pallas
Tua à coups de traict au milieu des compas,
Lors que Gige cruel eslançoit de furie
Les rochers esclatez sur le sommet d'Otrie.
Et tout ainsi qu'on void le reply ondoyant
De Seine aux bords tortus çà & là tournoyant,

Ce grand Dragon monstrueux ceint entoure & accolle,
Quatre fois renoué les Ourses & le Polle
De ce grand Zodiac, mesmement à l'endroit
De l'espy flamboyant renouër on le voit,
Et d'vn reply tortu ondoyer en derriere,
Seruant de sa grand queuë aux Ourses de barriere:
Puis de là reglissant de son dos escaillé
D'vn asur embruny de changeant esmaillé,
Il se renoüe encor iustement soubs le ventre
De l'Ourse Cinosure à la teste du Cancre,
Pour au droit du Bellier portant la laine d'or,
Horrible au droit du corps il se renoüe encor:
Et puis encor vn coup pliant son encolleure
Vers le Bouc, il se mire en l'œil de Cinosure,
Portant dessus sa langue vn radieux flambeau,
Vn autre en la machoüere, & en l'œil vn plus beau,
Se formant de ces trois, & d'vn dessus l'oreille
Vne belle figure à vn rombe pareille:
Les autres çà & là par le corps escartez
Iusqu'au bout de la queuë espandent leurs clartez.

HERCVLES.

Mais ce pendant quelqu'vn esbay pourroit dire,
Voyant ce monstre au ciel, qui auroit peu induire
Par tant & tant de temps la maiesté des Dieux,
Colloquer cest horreur dans la voulte des Cieux.
Ne vois-tu pas celuy, dont la force indomptable
Se trassa dans le Ciel vn seiour perdurable,
La masse qui finit tant & tant de combats,
Et la peau du Lyon, dont il targue son bras,

Le pied gauche posé ſur le ſuc de ce monſtre,
De l'autre agenouillé apparamment demonſtre
Par vingt & neuf flambeaux, que ſon bras belliqueur,
L'eſtouffant, ſe rendit de ſa force vainqueur?
Et qu'on ne void là hault ſa figure etoffee,
Que pour eſtre d'Hercul' vn eternel trophee?
Hercul' qui ſuffoqua le Nemean Lyon,
Monſtres, Hydres, Thoreaux, Cerbere & Antheon:
Puis vaincu du dépit d'vne ialouſe dame,
Loger entre les Dieux s'en volla tout enflame.

BOOTES.

PRes des Ourſes on void pour leur fidelle garde,
L'eſpieu dedans la main, le grand paſteur Archade,
Qui, fils de Caliſton, race de l'immortel,
Immortel ſe fait voir flamboyant dans le Ciel
Par vingt & deux flambeaux, dont la clarté doree
Apparoiſt à l'endroit des ballances d'Aſtree.
Quelques autres l'ont dit eſtre ce grand bouuier,
Qui chaſſé d'Ycarie inuenta le premier
L'art de coupler les bœufs, qui ſçauans par l'vſage,
Seruirent les premiers au premier labourage:
Conſacrant, liberal, à la poſterité
L'vtile inuention de ſa neceſſité.
Mais ce petit Soleil, qui dehors la figure
Entre les cuiſſes luit, eſt le diuin Arcture,
Par qui l'image entier d'Archas eſt renommé
Plus que d'aucun flambeau dont il ſoit allumé:
Montant auec la Liure, & ſe plonge au contraire
Au profond Ocean auec le Sagitaire.

LA COVRONNE.

PRes l'Espieu du bouuier menant le char des Cieux
Apparoissent en rond huict flambeaux radieux,
Vrais tesmoins de la foy d'Adriane laissee,
Et des desloyautez du perfide Thesee.
C'est la Couronne d'or, en laquelle on peut voir
Du mary de Cypris l'industrieux sçauoir,
Dont il luy feist present : mais Cyprine la belle
La donna, liberalle, au bon fils de Semelle,
Lequel pour appaiser vn douloureux mechef
A la fille à Minos la donna derechef:
Et puis fut par les Dieux dans le ciel coloquee
A l'endroit du Scorpion pour estre remarquee,
De celles qui mettant leur honneur en danger
S'asseurent sur la foy d'vn amant estranger,
Montant sur l'Horizon auecques la Ballance,
Et auec le Vers'eau dans l'Ocean se lance.

LA LIRE.

SOrtant de l'Ocean montent sur l'Horizon
Dix flambeaux argentez auecques le Scorpion,
Par qui aupres d'Hercul' la Lire est figuree,
Que Mercure donna au Thracien Orphee,
Dont apres mariant l'accord auec la voix,
Charma comme animez les rochers & les bois:
Charma dessus le bord des eaux Acherontides
Le tourment merité des ames homicides.
Trompa le bec goullu du Vautour acharné,

Au poulmon renaissant d'Ixion enchainé,
Arresta le rocher qui sans fin redeuale
Et soulla le desir de l'alteré Tantale:
Mesme le triple chef de Cerbere aboyant
Muet demeura coy de trois gueulles beant.
Et l'auare Caron, voiturier de la Parque
En oublia transi le tymon & la barque:
Mesmes les folles sœurs yures de la chanson
Emplirent leurs vaisseaux tant que dura le son.
Quand sur le bord de Styx d'vn dorique artifice,
Chanta l'honneur des Dieux pour l'ame d'Euridice:
Mais pauures oublians, la vaillance & deuoir
Que Bacchus sur Olympe en combattant fit voir,
Anima contre luy les Menades errantes
Et l'ardente fureur des Thebaynes Bachantes,
Qui de mille cailloux ayant son sang espars,
Desmembrerent son corps en mille & mille parts:
Chetif qui mitigua les horreurs infernales,
Qui destourna les eaux de leurs courses fatales:
Tira les bois à soy, les rochers & les monts,
Addoucit la fureur des Ours & des Lyons.
Mais mal-heureux mourant, ne peut mitiguer l'ire
De la femme cent fois, & cent fois encor' pire,
Que l'horreur de l'enfer, que le cours du torrent,
Ny que la cruauté du Lyon deuorant.
Sa lire ce pendant, du bien disant Mercure,
Mercure son ayeul qui auoit prins la cure
De son inuention, fut mise dans les Cieux
Au dessus de l'Archer paroissant à noz yeux,
Par vn ardent flambeau, qui sous le bec d'icellë

G

Comme vn petit Soleil rend sa flamme eternelle,
Frayant en l'Horizon ce lyrique flambeau,
Lors que les deux Poissons se plongent dedans l'eau.

LE CYGNE.

MAis pres la Lire on void d'vne clarté insigne,
En dix & sept flambeaux, la figure du Cygne,
Qui auec le Scorpion sortant hors de la mer
Vient sur nous viuement ses rayons allumer.
C'est luy qui doux chantant en la belle Thebaine
Fut pere de Castor, de Pollux & d'Heleine,
Montant auec le Bouc, & tombe en l'Horizon,
Auec le grand Bellier à la riche toyson.

PERSEE.

AVecques les Poissons la flamme radieuse
De l'astre flamboyāt mis au chef de Meduse,
Monte sur l'Horizon, Meduse aux crins espars
De mille gros serpens sifflans de toutes parts.
Perse fils de Iupin ayant fait la conqueste
Sur la fille à Phorcus de ceste horrible teste,
Les tallons empenez, & le cœur glorieux,
Ores rasant la terre, ores proche des Cieux,
Vit presque en vn moment d'vne legere course
Tout ce qui est comprins de l'Austre iusqu'à l'Ourse.
Il vit du Cithe blanc le froid continuel,
Le bord ensanglanté de l'Ebride cruel,
Le Lybicq bazané, & la gent my-rostie
Qui dessus Garamant habite l'Ethiopie.

Il vit plus outre encor'vn rocher sourcilleux
Sur le bord renfrongné de Neptune orgueilleux,
Au pied duquel estoit vne tourbe attendante
Le mal-heur d'Andromede à la roche pendante.
Car Iupiter Amon griefuement irrité
De ce que Casiope orgueilleuse en beauté
S'egalloit à Iunon d'arrest irreuocable,
Voulut qu'en c'est instant la pauure miserable,
Attachee au rocher de ce mal-heureux bord,
Proye à l'Orque marin, s'exposast à la mort:
Priuant par ce moyen son orgueilleuse mere,
Et Cephe larmoyant son debonnaire pere,
Du desir pretendu de voir en sa beauté
Vn iecton immortel de leur posterité.
Suiuant ce dur arrest la dolente Andromede
Du peché de sa mere estant le seul remede,
Garrottee attendoit en pleur continuel
Au lieu d'vn doux Hymen vn supplice cruel,
Dont la palle tremeur glaçant le sang en elle,
La faisoit egaller la blancheur naturelle
Du marbre Parien artistement polly,
Ou celle d'vn beau liz nouuellement cueilly.
La vergongne, sans plus, de voir nuë exposee
A l'œil d'vn populas sa beauté desiree,
Imprimoit en son front modestement enclin
Vn regret surpassant la rigueur du destin,
Luy colorant le teint d'vne couleur pareille
Qu'on la voit au prim-temps à la roze vermeille:
Et l'or de ses cheueux ondez par mille parts,
Volloient au gré du vent contre le roc espars:

G ij

Quelquefois ombrageant d'vne grace diuine
L'Albastre releué de sa chaste poitrine,
Ne luy restant sinon en telle anxieté
Que le sort impiteux, la honte & la beauté,
Et du doux Alcion l'aile prompte & legere,
Qui volletant autour, gemissoit sa misere,
Et Nereis sortant du grand sein azuré
De tristesse en monstra son visage esploré:
Et la mer se calmant, encore qu'implacable
Soit en tout autre endroit se monstra pitoyable,
Et Zephire alenant tant & tant de beauté,
Gemissant, se plaignoit de telle cruauté:
Ce pendant cest Heros des monstres homicide
Les tallons empenez, entre-coupoit le vuide,
Imitant le fauçon qui la proye apperçoit
Du rocher impiteux, peu à peu s'auançoit:
Il s'estonne de voir vn peuple innumerable
Larmoyant, detester le sort inexorable:
Et plus encor' de voir si grand' perfection
Cruellement submise à telle affliction,
De prime-face il croit estre le simulacre
De Venus estoffee, ou d'yuoire ou de Nacre,
A qui ce populas, pour mieux pacifier
L'ire des Dieux, venoit illec sacrifier.
Mais sachant le subiet d'vne telle sentence
Egallant la beauté auecques l'innocence,
Rauy, & ja sentant ses sens assubiectis
Laissa presque tomber au giron de Thetis
Le chef par luy conquis, & vainqueur de Gorgonne,
Vaincu aux raritez d'Andromede il se donne.

Il porte enuie au roc, & dit les fers heureux
Esclauant la beauté dont il est amoureux:
Et s'aprochant, luy dit : Vierge prudente & sage,
Promets de m'honorer d'vn sacré mariage,
Et ie te promettray, te tirant de danger,
Malgré le sort fatal, du monstre te venger:
Cephe, de qui l'esprit ja compagnon des Ombres,
Errans vuides de corps dans les campagnes sombres.
A ces mots esueillé d'vn litargic sommeil,
Commence à s'asseurer du guerrier nompareil.
S'il est ainsi, dit-il, que la bonté diuine,
T'opposant à nos maux, destourne la ruine
Qui nous pend sur le chef, dispose à ton vouloir
De tout ce que les Dieux ont mis en mon pouuoir:
Ceste fille est à moy, fille trop malheureuse,
Souffrant pour le peché de sa mere orgueilleuse:
Ie suis Roy de ce lieu, & les gens que tu vois
Le col assubietty, flechissent soubs mes loix.
Prens la, ie te l'accorde: & par accord te donne
L'heritage oppulent submis à ma couronne.
Va cheualier heureux, va gentil belliqueur,
D'vn bel acte egaller la grandeur de ton cœur:
Mais l'air troublé on void les humides campagnes
Esleuer iusqu'au ciel mille & mille montagnes,
Et l'orage effroyant de mille tourbillons
Penetrer iusqu'aux creux des humides sillons.
On void flot dessus flot d'vn redoublé murmure
Reiaillir coup sur coup contre la roche dure,
Quand ja plain de terreur le monstre paroissant
Horrible alloit de cris sa proye menassant,

G iij

Et la mer escumant des gouffres de sa gorge
Infecte vomissant, iusqu'au ciel il desgorge.
Vierge, que deuins tu, voyant dessus cest eau
Arriuer tout d'vn coup ta mort & ton tombeau?
Où s'en alla le sang, qui colorant ta face
Te faisoit en beauté des autres l'outrepasse?
Que deuindrent à lors tes esperdus esprits,
Surprins de mille morts, de mille morts suprins,
En voyant arriuer l'horreur de ton supplice,
Olocauste innocent d'vn cruel sacrifice?
Persee, ce-pendant ia voysinant les Cieux,
Enfonçant l'arc d'acier d'vn bras victorieux,
Sur le Monstre tira trois fleches acèrees,
Dedans le sang meurtry de Gorgonne trempees.
Il l'assene, il le blesse, & ja du sang issant
La mer autour de luy escume rougissant,
Et remontant plus haut des ailes de Menalle,
Comme vn foudre du ciel sur luy il redeualle:
Il luy plonge le fer tant de fois belliqueur,
Où il peut presumer que se loge le cœur,
Et bauollant en l'air, à plusieurs fois espie
Dont il pourra tirer & le sang & la vie
Du monstre depité, qui apres maints efforts,
Nauré du fer vainqueur en mille pars du corps,
Roidit, & de sa mort la captiue dolente
Ressuscita aymee, & encor mieux amante.
Les Dieux voulant grauer à l'immortalité
De ce fait glorieux la pure verité,
Au dssus du Thoreau ont l'image posee
En vingt & six flambeaux du belliqueur Persee.

CASSIOPE ET CEPHEE.

Cassiope en apres cherchant encor l'honneur
De sa fresche beauté, cause de ce malheur,
En treize feux ardens, & Cephe lamentable
Aupres de Cassiope implore miserable
Le ciel à sa douleur, & se fait apparoir
Par onze petits feux qu'on peut aperceuoir
Au droit de la toyson ioignant sa droite espaule,
Au dragon Boreal qui loge pres du Polle.

ANDROMEDE.

Mais la belle Andromede, ayant encor ses fers
Marque à l'eternité de tant de maux souffers,
Ioignant l'vn des Poissons encore toute nuë,
En vingt & trois flambeaux sur le Bellier est veuë:
Elle leue sur nous auec Crote l'archer,
Mais auec le Mouton elle se va coucher.
Persee non du tout en l'Ocean se bagne,
Cephe n'y entre point, ny sa chere compagne,
Ains sur nostre Horizon au mouuement iournel,
Rodent le Polle arcticq d'vn tour continuel.

LA SAIETE.

La pauure Caliston, errant par les forests,
Fuyant l'aboy des chiens, des veneurs & des rets,
Faussant l'espais d'vn bois, en fin fut apperceuë
D'vn grand Archas son fils, toutes fois incogneuë,

Il bande l'arc doré, & de sa droite main
L'ente saut, il decoche vn garrot inhumain,
Qui sans Iupin portoit à sa mere dolente,
L'arrestant, pitoyable, vne mort violente:
Et pour perpetuer cest acte glorieux
Il colloqua le traict dans la voulte des Cieux,
Que l'on void esclairer d'vne clarté insigne
En quatre petits feux soubs la teste du signe.
Autres disent qu'Hercul', accompagnant Iason
Au voyage entrepris pour la riche toison,
Ayant compassion de la peine enduree
Sur le mont Cithien du dolent Prométhee,
Tua à coups de traict le Vautour repaissant,
Goullu de son poulmon, sans cesse renaissant.
Dont on remarque encor dans la voulte ætheree
En quatre feux ardens la saïette aceree,
Montant sur l'Horizon, alors que le Thoreau,
Suyuant l'alme Soleil, se plonge dedans l'eau,
Et s'absconsent ainsi que la diuine Astree
Esmaille l'Horizon de sa tresse dor.e.

LE DAVPHIN.

SOubs la Saiette on void dix flambeaux argentez,
Qui auecques l'Archer font paroir leurs clartez,
Et s'absconsent de nous lors que la Vierge belle
Monstre vers l'Orient sa clarté eternelle.
C'est le gentil Dauphin, qui sauua sur son dos
Le harpeur Arion de la rage des flots,
Et qui malgré l'effort de la fortune auare

Feit

Feiſt finir ſa chanſon és eſcueils de Tenare,
Il ſe loge au Verſeau, & deuance le iour,
Lors que l'alme Soleil aux Poiſſons fait ſeiour.

L'AIGLE.

ON void pres l'Equateur iuſtement ſoubs la Lire
De dix flambeaux ardens les clairs rayons reluire,
Montant ſur l'Horizon, à lors que les Iumeaux
Monſtrent leur chef doré és Atlantides eaux,
Y entrans à leur tour, quand hors de la marine
Le Lyon Nemean l'Orient illumine.
C'eſt l'Aigle qui rauit iouxte le mur Troyen
Le plus beau des enfans du malheureux Priam,
Ayant ceſt heur au Ciel de ſeruir à la table
Le pere Iupiter d'Echanſon delectable:
Et pour ce eſt à iamais dans le ciel azuré
Au deſſus du mi-bouc ceſt Aigle figuré,
Se monſtrant au matin, lors que l'alme lumiere
De Phebus au Verſeau commence ſa carriere.

PEGASE.

PRes l'Equateur encor renuersé on peut voir
Pegaſe en vingt flambeaux dans le Ciel apparoir:
Mais ſur tout on remarque en l'vne de ſes ailes,
En l'eſpaule & au flanc quatre grandes eſtoilles,
Ayant ſi iuſtement l'eſpace meſuré
Qu'on les diroit borner les angles d'vn quarré.
Le corps ſur les Poiſſons à l'enuers il expoſe,

H

D'vn pied le Cygne il touche, & sa teste il repose
Sur celle du Verseau, & sa ioüe & ses dents
Se descouurent au soir par deux flambeaux ardens,
Les quatre de son col, hors mis vne apparante,
Traynent dedans le ciel leur clarté morne & lente,
Comme encore tous ceux par son corps escartez
Sans force vont roullant leurs debiles clartez.
Neptune Dieu marin, des beautez de Meduze
Ayant receu au cœur la poincture amoureuse,
Luy rauissant l'honneur de sa virginité
Pollut vn lieu sacré à la Diuinité.
Dont les Dieux irritez pour le fait tant enorme,
Changeant son poil, son taint, ses beaux traits, & sa forme,
La rendirent autant decrepite d'horreur
Qu'elle auoit de beauté parauant son erreur:
Conceuant toutesfois d'ardeur lubrique & salle
Ce cheual qui du vent les carrieres egalle,
Ce grand cheual ailé, qui frappant le coupeau
D'Helicon, engendra le cristalin ruisseau,
Dont la source des Grecs nommee Castalie
Arouse heureusement les plains de Beotie.
Quiconque boit ceste eau d'vn cœur deuotieux
Se fait chantre prophete & truchement des Dieux:
Et chantant aux humains les hymnes de leur gloire
Graue son sacré nom au temple de memoire.
Mais la plus grande part à qui le cœur defaut,
Pour se desalterer ne monte iusqu'en hault,
Ains recreus du trauail au premier gué qu'ils treuuent,
Soit bourbeux ou troublé, le col panché s'abreuuent.

C'est pourquoy nous voyons & tant & tant de vers
Ne pouuoir subsister au choc de deux hyuers,
Ains tombans submergez és eaux de l'oubliance
Sont plus tost auortez qu'ils n'ont receu naissance.
Le derriere pourtant de ce cheual ailé
Ne se descouure point dans le ciel estoillé,
Ainsi que le deuant, deuançant l'œil du monde,
Trassant chez les Poissons sa course vagabonde.

LE POVLAIN.

PRes Pegase se void le temps clair & serain
En quatre petits feux la teste d'vn Poulain,
Qui auec iceluy en son cours peu differe
Au coucher & leuer de ce grand Hemisphere,
N'ayant encor des Grecs ny d'autres remarqué
Pourquoy dedans le Ciel on le void coloqué:
Et semble sa clarté morne, lente & petite,
Auec peu de subiect auoir esté escrite.

HENIOCHVS.

VVlcan, pour payement des foudres employez
Sur Olympe assailly des Titans foudroyez,
Obtint de Iupiter d'estre vne nuict entiere
Ioüissant des beautez de la chaste guerriere.
Il la surprent au lict, il la saisit au corps,
Il la saisit au bras, & apres mille efforts,
Confus & rebouté, laissa choir comme infame

Le germe tout boüillant de l'impudique flamme
Sur la terre eschauffee, où soudain que receu
De l'humide & du chaud c'est vn monstre conceu,
Qui homme par le haut monstra l'experience,
Que monstreux il n'estoit sans quelque intelligence.
De la seincture en bas la forme il retenoit
D'vn serpent, qui hideux sur la terre trainoit
Son grand ventre escaillé, dont de douleur amere
Dépitoit le destin & la terre sa mere :
Et l'estoille ascendant, soubs qui infortuné,
Miserable & monstreux il auoit esté nay,
En fin d'vn gros sapin quatre rouleaux il sie,
Et persez au milieu d'vne perche arrondie
Les couple deux à deux, & là dessus encor
Arreste à cloux de fer vn aix massif & fort,
Dessus lequel monté roullant de place en place
Ingenieusement son deffault il efface.
Mais depuis, adioustant à son inuention,
Rendit vn char parfait, dont la perfection
S'estend encor à nous, & pour chose si belle
Les Dieux en ont rendu la memoire eternelle
Il est dit Ericton du Grec ingenieux,
Des autres le Chartier, & pource dans les cieux
On luy met en la main les renes d'vne bride,
Comme estant de son char l'inuenteur & la guide.
Tout le deuant du corps apparoist aux iumeaux,
Le visage à Persee, & de tous ses flambeaux,
Celuy qui est assis en l'espaule senestre,
Comme vn Soleil luysant à l'œil se fait cognoistre :

C'eſt la Cheure Olenie, enuieuſe pourtant
Des pauures mattelots ſur l'Ocean flottant.
Un autre beau flambeau ſur l'autre eſpaule darde
Les rays de ſa clarté, toutesfois plus blafarde:
Et encor' que iamais ces deux rares clartez
Ne trempent dans la mer leur rayons argentez,
Si eſt-ce qu'on les voit en leur courſe ordinaire
Auec les deux Poiſſons monter ſur l'emiſphere,
Et de douze autres feux, dont l'image eſt parfait
Au reſpect de ces deux grand' clarté ne ſe fait,
D'autant qu'ils ſont petits, & qu'au trauers de l'ombre
L'œil à peine comprent leur clarté morne & ſombre.

ESCVLAPE, ET SON
SERPENT.

A Idé de ta faueur, ie veux chanter encore
Muſe mon cher ſoucy, le vieillard d'Epidaure,
Qui par herbes tira des infernalles eaux
Celuy qui dechiré du cours de ſes cheuaux,
Veit l'horreur de l'enfer courant telle fortune,
Du courroux enflammé de l'irrité Neptune.
Ce grand barbu, qui peut par charmes remachez
Arreſter les flambeaux dans les cieux attachez,
Deſtourner leur ſentier, obſcurſir leur lumiere:
Brider l'horreur des vents, arreſter la carriere
Des fleuues ondoyans, & au loin tranſplanter
Les cheſnes conſacrez à ce grand Iupiter:
Faire reprendre encor' aux ames ja paſſees
La barque de Caron, leurs charongnes laiſſees.

H

Pour luy redire bas ce qu'en bas a esté
Es fuzeaux du destin des Parques arresté:
Ce grand fils d'Apollon, ce Myrre pitoyable,
Qui serpent delaissant son temple venerable,
Vint par mer aborder où le Tybre ondoyant
Est auecques Thetis ses ondes mesloyant:
Où il vid sur le bord vne femme esploree
Tainte de sang meurtry, sa robe deschiree,
Ses beaux crins deliez espars en mille lieux,
Le taint palle & deffait, deux torrens en ses yeux.
La peau collee aux oz d'vlceres toute plaine
Soy-mesme s'infectant de sa puante alayne,
Qui les mains vers la mer Esculape adora,
Et à peine ces mots en tremblant profera:
La peruerse Iunon non encor' assouuie
D'auoir souillé de sang le meilleur de l'Asie,
Et de l'ardant tyson en son cœur allumé
Voir iusqu'aux fondemens Ilyon consumé.
Voir qui sauuez du feu plus tost que de sa rage
Par dix ans endurer la rigueur de l'orage,
Par dix ans combattus sans espoir des Nochers
Du Ciel, de l'eau, du feu, des vents & des rochers:
Et donnant à trauers, vaincus des destinees
Es riuages de Thyr mille naifs eschouees.
En fin tournant la proüe au vouloir du destin
Iettant les fondemens de l'Empire latin,
Du vouloir des bons Dieux, des bons Dieux, dont la grace
Perpetuë à iamais ceste Troyenne race:
Peuplerent en ce lieu esleuant iusqu'aux Cieux
De ceste grand' Cité le mur victorieux,

Et planterent traſſant le chemin de victoire
Soubs les Polles diuers, les feſtons de leur gloire,
Eſcriuant ſur le front de tant & tant de Roys
Et de peuples mutins, l'equité de leurs loix.
Dont Iunon en ſon cœur enrageement outree
Apres auoir de l'air la partie infectee,
Deſcend au plus profond de l'Antre ſtigieux,
D'où ayant conuoqué les effroyables Dieux,
Au branle entrecaſſé d'vne cruche fatale
Choiſit par les horreurs de la troupe infernalle,
La Liſſe que tu vois mes entrailles manger,
Et ma chair infectee auidement ronger.
Tu n'as point delaiſſé ton heureuſe patrie
Pour venir viſiter la dolente Italie,
Sans luy donner ſecours, & n'as iamais laißé
Celuy qui humblement à toy s'eſt addreſſé:
Ie m'addreſſe vers toy, ſeray-ie la premiere
Dont le fils d'Apollon reiette la priere?
La dolente deeſſe à peine eut-elle dit,
Que le Myrre diuin en terre deſcendit,
Où peu à peu laiſſant ce grand ſerpent difforme
Au peuple ſe monſtra en ſa premiere forme.
Trois autels il eſleue, & auec trois Boucs gras
Il rend vn ſacrifice aux Manes de là bas:
Il purifie l'air, & de mainte racine
Cueillie en remachant les cent noms de Lucine,
Soubs le ſilence obſcur des nuicts s'obſcurciſſant,
Quand ſoubs Phœbus ſe pert ſon luſtre blanchiſſant.
Il ſacrifie encor' au Cithien Boree,
Il chaſſe Auſter peſteux en ſon antre infectee,

Et ayant arraché le glaiue hors des mains
De la peste, asseura les suruiuans Romains,
Qui ont à son autel, comme à leur Dieu propice,
Voué par chacun an vn deuost sacrifice,
Dont Iupin son ayeul le rendant immortel
L'a auec son serpent figuré dans le Ciel,
L'Equateur le couppant au droit de la ceinture
Où ce monstre hideux enlasse sa figure
De vingt & quatre feux, qui çà qui là espars
Forme son chef, son corps, ses iambes & ses bras:
Qu'on voit entortillez, comme s'il auoit peine
A porter dans le Ciel ceste beste inhumaine,
Qui son corps ondoyant çà & là eslançant
En dix & huit flambeaux pres la Liure passant,
Affreux, redresse en haut sa hure espouuantable,
S'arrestant pres du bras d'Alcide redoutable,
Montant ceste figure vn peu auant le iour
Lors que l'alme Phœbus chez Crote fait seiour.

LA BALAYNE.

SOubs le Nephelien portant la riche layne
Apparoist rugissant la monstreuse Balayne,
Qui mourant esprouua de Perse glorieux
Nauré en mille endroits, le bras victorieux:
Quand pendant au rocher Andromede la belle,
Attendoit de Iupin la sentence cruelle.
Du Thoreau Nemean aux poissons escaillez

En vingt & deux flambeaux dans le ciel esmaillez,
Ainsi que le Thoreau hors la plaine liquide
Glisse son corps monstrueux, qu'à l'enuers elle guide:
Mais le plus beau de tout par ardente clarté
Illumine le ventre auec le droit costé:
Entrant soubs l'Horizon, lors que la belle astree
Vient orner l'Orient de sa clarté doree.

ERIDAN.

LE beau fleuue Eridan çà & là ondoyant
Presque soubs le Thoreau à son cours tournoyant:
Car partant pres du Lieure, en la partie Australle
Approche du droit fil la ligne iour-egalle,
Et puis redescendant en serpent contourné
Du grand monstre marin presque se voit borné:
Et s'approchant encor' pres du Lieure timide
Tourne les bords tortus de son riuage humide,
Où la belle Acarnar d'vn insigne flambeau
Termine en se baignant la course de ceste eau,
Laquelle fait paroir ses ondes immortelles
Par l'esclat flamboyant de trente quatre estoilles :
Commençant à monter alors que les Iumeaux
Laissent montant sur nous le grand amas des eaux.
Mais la belle Acarnar de tristesse esploree
Trempe eternellement dans la plaine azuree.
Ce beau fleuue fut mis dans la voute des Cieux
Alors que Phaeton, ieune & audacieux,
Mal duict à gouuerner les courses vagabondes
Des cheuaux de Phœbus, trebucha dans les ondes.

I

Foudroyé toutesfois, loyer accoustumé
A qui d'ambition a le cœur allumé.

ORION.

SOubs le front du Thoreau & la couple iumelle
Du costé de Midy la figure estincelle
Du superbe Orion, qui d'orgueil animé
Apparoist dans le Ciel encore tout armé.
Orion qui oza prouoquer à la guerre,
Seul, trop audacieux, les enfans de la terre,
Dont elle de courroux soudain luy fist sçauoir
De son bras glorieux le belliqueux pouuoir
Engendrant le Scorpion, dont l'attainte mortelle
L'enuoya sur-charger la fatale nascelle.
Mais Iupin de son fils grauant dedans les Cieux
En trente-huict flambeaux l'image glorieux,
Le fait monter sur nous quand la Cruche aquatique
Plonge l'alme Soleil dans le sein atlantique.
Auquel temps il te faut brossant par les forests
Descoupler tes Lymiers, & enceindre de rets
Le Sanglier herissé, qui, escumant reculle
Aux abois, attendant le Vautray qui l'accule.
Ou si tu aimes mieux, trompant l'ennuy du temps
Au milieu de la plaine auoir le passe-temps
Du Lieure, qui, craintif, par ruse & diligence
Du chasseur affamé va trompant l'esperance.

LE LIEVRE.

C'Est pourquoy sous ses pieds au beau Ciel azuré
En douze petis feux le Lieure est figuré,
Demonstrant qu'Orion aimoit durant sa vie
Cordes, tentes & rets, outils de venerie,
Meutes, Lymiers, espieux, & ce qu'on peut penser
Seruant par les forests au deduict de chasser.

LE GRAND CHIEN.

MAis le Lymier qu'on voit dãs le ciel aboyãt,
Portant dedãs sa gueule un soleil flamboyãt,
Ne reçoit point au Ciel son eternelle place,
Pour respect d'Orion, quoy qu'il aimast la chasse.
C'est le Lymier fatal, dont l'Aurore estrena
Cephale son amy, si tost qu'il adonna
Sa ieunesse au plaisir, qui la ieunesse trompe,
Des forests & des chiens, de l'arc & de la trompe.
En dix & huit flambeaux il sort hors de la mer,
Et auec le Lyon vient le Ciel enflammer,
Vient sur nostre horizon pour acheuer encore
D'y verser les presens du vaisseau de Pandore.
Garde toy bien alors que ce Chien nompareil
Se tapist grumellant sous les rais du Soleil,
De te licencier du corps & de la bouche:
Et sur tout fais le sourd aux plaisirs de la couche.
Si tu loge Bacchus, pour n'en estre trompé
Ne le reçois chez toy qu'il ne soit attrempé:
Et toy qui prens plaisir de suiure à longue alaine

Le Cerf lors en saison, ou le Lieure en la plaine,
Fais bien purger tes chiens & leur tire du sang
Des veines paroissant au iarret ou au flanc,
Et garde bien sur tout que ceste estoille ardente
A faute de bonne eau par la soif les tourmente:
D'autant qu'ils sont subiets durant ceste saison,
Perdant ce que nature en eux met de raison
Enragez, forcener, donnant de leur morsure
Le mal contagieux à qui a la blessure.
Mais le gentil Nocher peut lors sans grand danger
Sur le doz de Thetis aux Indes voyager,
Freter, singler, courir, descouurant maint riuage,
Et, riche, reuenir heureux de son voyage.

LE PETIT CHIEN.

L'Autre plus petit Chien au dessous des iumeaux,
Se marque des rayōs de deux ardens flambeaux:
L'vn desquels toutefois à l'autre se prefere,
D'autant que la beauté à la beauté differe.
Lors que le beau Troyen dont la perfidité
Viola le deuoir de l'hospitalité,
Rauissant du Lacon la beauté tant aimee,
Qui causa le mal-heur de l'Asie embrasee:
Procion la suyuoit, comme estant de long temps
Ses delices, son tout, son cœur, son passe temps.
Procion ne mangeoit que des mains de la belle,
Procion auoit l'heur de coucher aupres d'elle,
Heureux vray'ment heureux si la brutalité
Reçoit quelque rayon de la felicité.

Mais, helas le malheur! ceste beauté diuine
N'eut si tost mis le pied sur la plaine marine,
Que Procion tomba, & englouty de l'eau,
Par Iupin fut changé en vn astre nouueau:
Qui brillant dans le Ciel, adoucist la fortune
Des vaisseaux egarez és gouffres de Neptune,
Lequel comme vn Soleil sur la terre naissant
Sort ainsi comme sort le Lyon rugissant.

L'HYDRE.

IE voy encore au ciel vn grand Dragon horrible,
Plus que les deux premiers ardĕt, fier & terrible,
Qui coullant lentement son grand corps escaillé
De vingt & cinq flambeaux viuement esmaillé,
Effraye de son front la plage Borealle,
Laissant trainer son corps vers la partie Australle:
Qui depuis la Ballance astree & le Lyon
Touche presque du front le luisant Procion,
Se ployant au milieu, là où mesme se borne
Le Cercle verglacé trassé du Capricorne.
C'est l'Hydre teste-sept en Lerne redouté,
Du bras victorieux d'Alcide surmonté,
Qui fut mis dans le Ciel malgré Iunon seuere
Par ce grand Iupiter son debonnaire pere.
Posant dessus son doz à l'endroit du fleau,
Tousiours le becquetant le carnassier Corbeau,
Qui, gourmand, oublia le deuoir de l'office
Qu'il auoit d'Apollon pour l'eau du sacrifice,
S'arrestant à manger la figue noircissant

Aux rayons du Soleil en douceur meuriſſant,
Il n'a que ſept flambeaux, dont la clarté doree
Sort hors de l'Horizon auec l'eſpy d'Aſtree,
Et ſoubs le chef de l'Hydre on void reluire encor
Par ſept autres flambeaux la belle Coupe d'or,
Dedans quoy Mathuſſo miſt le ſang pitoyable
Des filles de ſon Roy, maſſacre incomparable,
Le donnant encor chaud, taſchant ſe reuencher,
Au pere Demyphon pour ſa ſoif eſtancher:
D'autant que Demyphon, ſuiuant la prophetie
Reſpondue en Delphy par la chaſte Phitie
Pour appaiſer les Dieux contre luy irritez,
Achetant la ſanté de toutes ſes citez,
Deuoit choiſir au ſort pour victime annuelle
Le ſang immaculé d'vne chaſte pucelle:
Entre leſquelles fut, ſur qui tomba le ſort,
Celle de Mathuſſo expoſee à la mort.
Demyphon ce pendant ſes deux filles aymees
Preſeruoit, comme Roy, d'eſtr au ſort expoſees,
Dont Mathuſſo cruel, de depit irrité,
Ipocrite, chez luy le Roy a inuité,
Auquel il preſenta ceſte boiſſon funeſte,
Dont la Coupe reluit dans la vaulte celeſte.

ARGON.

QVand le Theſſalien, le perfide Iaſon,
Eſpoinçonné du los de la riche toyſon,
Sur les bords Egeens meſnagea l'equipage,
Compagnon des Heros pour ſon futur voyage

Quand, di-ie, il esbranla d'vn art labourieux
Sur les flots de Thetis Argon prodigieux,
Par qui Thiphe premier d'vne audace asseuree
Fraya les mols sillons de la plaine azuree,
Iupiter estonné eut quelque opinion
Que le sang des Titans, prompt à rebellion,
Brassoit encore vn coup quelque chose secrette,
Pour surprendre l'Enfer ou la voulte celeste.
Mais quand il apperceut ce vaisseau glorieux
Enfoncer soubs le faix de tant de demydieux,
Qui tour à tour suans soubs la rame plombee
Trassoient à leur renom vn eternel trophee,
Aimant mieux s'engloutir dans l'humide tombeau
Que paresseux faillir vn voyage si beau:
Ie veux, dit-il, qu'Argon, apres si belle emprise.
Dans la voulte des Cieux pour memoire soit mise:
C'est pourquoy on la voit (mais bien peu hors des eaux)
Porter deuers Auster quarante cinq flambeaux:
Toutesfois seulement, & la poupe & la voile
Se leuent au matin auec la belle estoille
Mise au cœur du Lyon, lors qu'on void arriuer
Phœbus, où se parfait l'Equinoxe d'hyuer,
Et ne te peux vanter, habitant de l'Europe,
D'auoir saoulé tes yeux de beautez de Canope,
Dont les rayons dorez, pour limite presix,
S'arrestent, ternissans sur les murs de Memphix.

CHIRON.

*E*Ncore aupres d'Argon ie voy au Ciel reluire
En trente-sept flambeaux le bon fils de Philire,

Chiron, qui de sçauoir, mœurs & integrité
Fut exemple fecond à la posterité,
Neptune trompant l'œil de sa femme Cibelle
Transformé en cheual, en Filire la belle
Conceut le bon Chiron, qui admirant vn iour
Les saiettes d'Hercul' auec luy de seiour,
En laissa par malheur sur son pied tomber vne,
Qui finit à l'instant sa vie & sa fortune.
Mais Phœbus tout voyant, obligé du debuoir
Dont il auoit nourry & instruit en sçauoir
Esculape son fils d'vne amour liberalle
Le coloqua au Ciel en la partie Australle,
Armé d'vn fort espieu, dont il tient embroché
Le cruel Lycaon, fait loup pour l' peché
D'auoir occis son fils: Et pour rendre notoire
D'vn si cruel forfait à iamais la memoire,
Les Dieux l'ont transformé, coloqué dans les cieux
En dix & neuf flambeaux, qui bien peu radieux
Hostes du Scorpion montent sur l'Emisphere
Auec le bon Chiron, dont la flamme plus claire
En quatre beaux flambeaux efface ses clartez,
Mesmes les feux qu'il a par son corps escartez.
Mais au pied de deuant en la droite partie
D'vn autre encor plus beau la clarté accomplie
Des peuples de Midy esclaire le seiour,
Sans qu'il puisse montant illustrer nostre iour.

L'AVTEL.

EN sept petis flambeaux pres Chiron s'illumine
L'autel qui fut construit de la troupe diuine,

Lors

Lors que des fiers Titans les bras audacieux
Tenterent d'affronter le grand palais des Dieux,
Sur lequel assemblez iurerent par les Ondes,
Supplices criminels des pariures immundes,
De ne manquer d'effect, debuoir & loyauté
Au combat important de leur diuinité,
Il ne se monstre à nous, mais à cil qui habite,
Ormus Gusarata, Indostan & l'Egypte,
Et soubs Crothe l'Archer sa flamme il va dardant,
Caché soubs l'Ocean vers le Midy ardent.

LE POISSON AVSTRAL.

ENcore vers Auster dessoubs le Capricorne
En douze feux ardens l'Austral poisson se forme,
Loge chez le Verseau, qui fut là figuré,
Pour ainsi comme vn Dieu s'estre veu adoré
Du peuple Sirien, luy rendant sacrifice
Des premices de l'an, comme à leur Dieu propice.

LA COVRONNE.

MAis soubs Crothe l'Archer apparoist la clarté
D'vne Couronne d'or excellente en beauté,
Dont de treze flambeaux la clarté infinie
Seruent à son entour de riche orfeurerie,
Luisant deuers Auster, monstrant que ce costé
Seroit par laps de temps d'vn Monarque dompté,
Auquel semblablement en la part Borealle
Le destin promettoit felicité egalle,

K

Par vne autre Couronne ayant orné le chef
De la fille à Minos tost apres le mechef
En quoy elle tomba, pour s'estre abandonnee
Aux propos mensongers du vollage Thesee:
Mais laissant à requoy l'antique vanité,
Industrieusement couurant la verité.
Ces deux Couronnes d'or d'admirable excellence,
D'vn subiet plus parfait portent l'intelligence:
Car ce sont celles là dont le Ciel feist octroy
De toute eternité à Henry mon grand Roy:
Henry, de qui le Ciel ne borne la puissance
D'vn regne Sarmaticq de Pologne et de France,
France vnique en douceur: mais luy promet, heureux,
De tout ce continent le regne plantureux.
Et est de toy, mon Roy, la Couronne royalle,
Ornant de ses rayons la plage Borealle,
T'inuitant à chasser tant de tyrans peruers,
Tyrans, peste, commune à tout cest Vniuers.
T'inuitant à racler, et d'eux et de leur race,
Iusques aux fondemens le vestige et la trasse.
Ne crains, Prince belic, la main forte de Dieu
Te sera vn rempart fauorable en tout lieu,
Quand net d'ambition tu chercheras sans fainte
L'heureux auancement de sa loüange sainte:
Puis l'asseuré repos du peuple languissant,
N'ayant recours qu'en Dieu et ton bras punissant.
N'est-tu nay de ce tronc tant amy de Iustice?
Tronc qui a combattu l'ignorance et le vice,
Le pauois asseuré des peuples outragez,
Et le refuge entier des pauures affligez.

Combats donc auiourd'huy pour la iuste querelle
De Dieu premierement, puis de cil qui t'appelle
D'Orient d'Occident, & qui à plaine voix
Inuoque, apres le Ciel, le seul nom de Valois :
Et ainsi conioignant la vaillance & le zelle,
Tu t'acquerras, heureux, la Couronne immortelle
D'vn regne plus parfait, & te verras encor
Triomphant dans le Ciel du temps & de la mort.
Voila comment du Ciel les deux diuerses plages
Contiennent çà & là quarante-huict images,
Qui font paroir à l'œil par leurs rayons ardens
Mil vingt & cinq flambeaux moyens, petis & grans :
Et sont ceux là, desquels la saincte Astronomie
Fait remarquer le tout de partie en partie.
Diuine inuention, honneur de l'ancien,
Soit Caldee, Arabic, Grec ou Egyptien,
Sans comprendre pourtant l'image remarquee
Du grand Colosse Athlas de nouueau coloquee
Pres le Polle d'Auster, & l'a mesme apperceu
Du Nocher nauiguant en la plage du Su.
Mais, Muse, c'est assez, nous auons fait la course
De l'Ourse vers Auster, & d'Auster iusqu'à l'Ourse :
Encrons pour contempler le cours tardif & lent
Des cercles recourbez du Faucheur violent.

K ij

LIVRE QVATRIEME,
DES SEPT PLANETTES.

SATVRNE.

Essoubs ce grand Argus, qui my-veillant
    espie
Le tour continuel de la terre arrondie,
Sont les Orbes vaultez des sept flambeaux
    diuers,
Influant leur pouuoir en tout cet vniuers,
Hommes, bestes, oiseaux, poissons, plantes, racines,
Respirent leur vertu de leurs flammes diuines,
Le foudre violent par eux est excité,
L'air de leur influence a son vuide agité:
La mer flechist soubs eux, & la terre ample & large
Ne produit rien çà bas qui ne leur face hommage:
Et brief tout ce qu'icelle ou enserre ou fait voir
Se regist, flechissant soubs leur diuin pouuoir.
Saturne le plus haut d'vne plus lente alleure,
En son orbe plus grand plus longuement demeure
A parfaire son cours qu'aucune autre des six,
Qui ont leur Ciel errant dessoubs le sien assis:
Car trente ans, vn peu moins, il demeure à parfaire
De ce grand Zodiac le sentier ordinaire.

Morne, melancoliq, palle, plombé, pensif,
Meschant, froid, nocturnal, pesant, maigre, craintif,
Contemplatif, resueur, Laboureur, Marchant riche,
Vsurier, acheteur, Masson, mesnager, chiche,
Terrestre, mange-enfant, fils du Ciel ennemy
De son fils Iupiter, duquel il fut banny,
Pere du temps faucheur, ingrat, malin, rebelle,
Ennemy de Nature, & des œuures d'icelle :
Car naiz au premier mois, & au huitieme encor,
Mois à toy dediez, tu nous donne la mort,
Et contant de la Lune au cercle de ta Sphere.
Tu tiens douteux à nous le nombre Septenaire
Douteux, par ce qu'en nous se voit apertement
De sept ans en sept ans vn certain changement.
Et des ans sept fois sept, qui peut si haut atteindre,
Sept fois huit, sept fois neuf sont dangereux à crain-
Ce docte Egyptien demonstre par raisons,   (dre.
Qu'au Mi-bouc et Verseau qui sont tes deux maisõs,
Le Soleil y entrant, ta depiteuse rage
Emplist l'air de frimats, de tempeste & d'orage,
Vers la fin de l'Archer, le sçauant Copernic
Met le poinct le plus loing de ton cercle excentric,
Des Arabes dict Anx, & des Grecs Apogee,
Remarque au Scorpion du docte Ptholomee.
Tu es iuge plus gros nonante & vne fois
Que le terrestre corps, & la commune voix
De tous nos anciens fait grand ton Diametre
Quatre fois & demy autant que le terrestre.
Vers le costé du Nort en ton paresseux cours
Tu demeure quinze ans, & encor quelques iours.

K iij

Mais tournant l'Epicicle au plus tu ne demeures
Qu'vn an & treze iours, & encor quelques heures.
Pere ie te supply par ton aage doré,
Par Crete ta cité où tu fus adoré,
Auant que Iupiter d'vne audace effrontee
De ton regne opulent t'eust la couronne ostee,
Destourner le regard de ton œil palissant
Du temps que nous auons à trainer languissant.
Cest esprit prisonnier de la masse charnelle
Pour retourner heureux en sa place eternelle
Destourne encor de nous les oppilations,
Fieures quartes, chaut mal, surdité, fluxions,
Colique, epilepsie, podagre, hydropisie,
Chiragre, chancre, lepre, herme, melancholie,
Et mille autres malheurs qu'Automne ta saison
Infectant les humains leur prodigue à foison.
Pere iette ces maux és deserts solitaires,
Es cloaques puants, és destournez repaires,
Cauernes, Lacs, Estangs, ruines de bastimens
Qui ont esté submis à tes commandemens:
Et solennellement par les eaux stigiales,
Nous iurons reuerer toy & tes Saturnales,
T'esleuant du costé du froid Septentrion
Vn Temple Dorien, où par deuotion
Apres auoir ployé, exempts de toute fainte,
Le cœur & les genoux à ton image saincte,
T'offrirons chacun iour, suiuant l'antiquité,
Le laict premier tiré pour la simplicité
De ton regne doré, auquel la violence
N'auoit encor forcé la loy de l'innocence.

IVPITER.

PErmettez, chaſtes ſœurs, que ie puiſſe chanter
Contre l'effort du temps, l'Aſtre de Iupiter,
L'Aſtre de Iupiter, qui d'vn regard proſpere
Des planettes prochains la malice tempere:
Qui d'vn regard benin, amiable & humain
Corrige la fureur de ſon fils inhumain,
Et mitigue le mal, dont ſon pere Saturne
D'vn regard froid & ſec trouble noſtre fortune.
Pere nous te deuons l'aggreable beauté,
La douceur du regard, l'honneur, l'honneſteté,
Les eſtats honorez, les Senats, les offices,
L'Egliſe, ſes prelats, ſes biens, ſes benefices,
Et tout ce que l'on peut pour l'eſprit contenter
De bon, de beau, de grand, dignement ſouhaiter.
Vn peu moins de douze ans tu demeure à parfaire
De ce grand Zodiaq le ſentier ordinaire
Six annees, cinq mois demeurant boreal,
Et la reſte du cours vers le coſté Auſtral,
Parfaiſant en trois cens nonante-neuf iournees,
En l'Epicicle tien tes courſes ordonnees:
Et te trouuant conioint à ton pere enuieux,
Tu fourmilles çà bas mille eſprits curieux
De deuination, cherchant la prophetie
Des carmes remachez de l'obſcure Magie.
Mais ſi c'eſt auec Mars par merueilleux effets,
Recercheurs de nature, & Mirrhes treſparfaits,
Auec le grand flambeau ennemis de diſcorde

Tu les fais rechercher l'amiable concorde,
A ta fille Venus, tu les fais attenter
Amateurs des accords à doucement chanter.
A Mercure subtil experts en la pratique
Des effects approuuez de la Mathematique.
Mais si c'est à la Lune, inconstans, incertains,
Tu les fais amateurs des voyages loingtains,
Actifs, contemplatifs, curieux geographes,
Hazardeux mariniers, Pilotes hydrographes:
Iournel, masle, attrempé, logeant en tes maisons,
Le iour auec l'Archer, & la nuict aux Poissons.
Tu regis nostre sens, & en l'air tu domine,
Et de nos quatre humeurs tu retiens la sanguine.
C'est pourquoy on te dit redonner la santé,
Comme pere benin, à toute infirmité
Qui procede du sang, ainsi qu'Apoplexies,
Ephemere, Squinence & peste & pleuresies.
C'est pourquoy te voyant à nostre heur attendant,
Tu es nommé de tous Iupiter pere aydant.
Ton corps plus blanc qu'argẽt en sa spherique masse
Se prouue estre plus grand que ceste terre basse,
Quatre vingt quinze fois, & selon le sçauoir
Du docte Copernic ton auge se peut voir
Dans la cinquieme part des ballances d'Astree,
Et au poinct opposé, pose ton perigee,
Dans lequel paruenu d'vn lustre radieux,
Plus beau, plus clair, plus grand, tu te monstre à nos yeux:
D'autant que tu n'es loing du centre de ce monde,
Que de sept mille essieux de la masse feconde.
Que dirons nous de toy, pourrions-nous bien chanter

Quelque

Quelque hymne meritant ta grandeur contenter,
Dictean, Ideen ainsi tousiours heureuse
Soit de toy pere aydant l'entreprise amoureuse,
Soit en bœuf, soit en or, en Cygne ou en bellier,
Comme sur tes autels ie veux sacrifier:
A fin que ta faueur destourne l'insolence,
Dont Mars remply d'horreur bourrelle nostre France.

MARS.

Quiconque pretendra sur les nerfs de sa lyre
Chanter l'aage de fer, le sang, le meurtre, l'ire,
Le depit, le courroux, la haine, la fierté,
Le feu, l'exil, le pleur, la mort, la cruauté,
Les armes, les harnois, les combats, les querelles,
Les charges, les assauts, les batailles cruelles,
Les murs, les tours, les forts, boulleuers & rampars,
Picques, lances, espieux jauelines & dards,
Le canon brise-mur, dont l'homme imite-foudre,
Les plus grandes citez fait boul-uerser en poudre,
Il ne faut que chanter de Mars audacieux:
Mars fils de Iupiter, les faits pernicieux,
Qui trainant dessoubs luy sa flamboyante estoille
Cause tant de malheurs à la race mortelle.
Est-ce pas toy, mutin, qui ouurant le costé
De nostre antique mere as le fer apporté,
Dont encor tu apprens à l'homme plain d'enuie
Tirer de son prochain & le sang & la vie?
Encor estoit ce peu: mais troublant son repos,
. Tu luy feis de la terre amonceler les os,

L

Pour entourant d'icelle vne & autre place,
Faire à tous ses voisins preuue de son audace.
Tu luy as enseigné que c'est que trahison,
Il est ton apprenty de meurtre & de poison,
De voller, de piller, & de souiller la terre,
De massacre, d'horreur, de famine & de guerre.
Voilà les faits, cruel, desquels tu te repais,
Et estrangeant encor la bien-heureuse paix,
Conioint par alliance à ta fille auarice,
As chassé d'icy bas l'equitable iustice.
En deux ans vn peu moins par ton cours violent,
Le long du Zodiac vas ton astre coulant,
Regardant le midy, Sarmathe, Getulie,
Quelque part de l'Afrique auec la Lombardie:
Et qui naist sous l'aspect de ton malin regard
Homme seditieux s'expose à tout hazard,
Cruel, dissimulé, vagabond, sans enuie,
Du bien-heureux repos, d'vne païsible vie,
Charbonniers, armuriers, Alquimistes, fourniers,
Forgerons, maréchaux, bourreaux, sergens, barbiers,
Brief ce qui tient du feu, du sang & violence,
Reçoit de ton regard la peruerse influence.
Auec le beau Mouton tu te loge le iour,
Et auec le Scorpion la nuict tu fais sejour,
Tu t'exalte au My-bouc, & ta cheute importune
S'rencontre en Cancer la maison de la Lune:
Et selon Copernic vers la fin du Lion
Ton auge en nostre temps prent exaltation,
Eslongnee pourtant de ces plages terrestres
De ce bas element quatre mil Diametres,

Et plus gros qu'iceluy de la moitié trouué
Par ledit Copernic dignement obserué,
Te faisant apparoir sur tant & tant d'estoilles
Qui font dedans le Ciel leurs courses eternelles,
Ardent, & pour cela ton flambeau radieux
Est nommé Peroïs du Grec ingenieux.
Mais ainsi puisse-tu le long d'vne nuictee
Dormir entre les bras de ta Venus sucree,
Hors les rets de Vulcan enyuré de plaisir,
Comme sur tes autels d'vn loüable desir
I'offre le blanc mouton pour te rendre placable
A brider tant de maux, dont le sort lamentable
Bourrelle nostre France, & à ietter dehors
Tant & tant de malheurs qui troublent ses accords,
Employant la fureur de sa dextre immortelle,
Sur le Iuif, sur Lathee, & le Turc infidelle,
Nous laissant en repos ioüir de la douceur
Dont Bacchus & Ceres comblent nostre bon-heur.

LE SOLEIL.

MVses ce n'est à vous que i'offre ma priere,
Pour chanter dignemët ceste grande lumiere:
Et ne veux point ramper vostre double coupeau,
Ny pancher alteré au cheualin ruisseau.
D'autre part inspiré, ie pourray donner l'ame
A mille & mille vers ourdiz dessus la trame
De cest alme Soleil, duquel ores ie veux
Donner ceste chanson à nos futurs neueux,
D'antant que c'est luy seul, qui, mignardant la troupe

Meine le bal en rond deſſus la double croupe,
Et de l'archet doré d'vn ton armonieux,
Chante auec les neuf ſœurs la loüange des Dieux:
Et n'eſt-ce pas luy ſeul, qui dedans nous inſpire
Ses diuines fureurs, & accordant la lyre,
Nous fait chantres parfaits, interpretes ſacrez
Des tant & tant de vœuz à luy ſeul conſacrez?
C'eſt toy, alme Phœbus, qui par la voye oblique
De ce grand Zodiac traſſe dans l'Ecliptique
Ton cours continuel ſans iamais t'eſcarter,
Soit de la part du Nort, ou de la part d'Auſter,
Oeil du Ciel tout voyant, fontaine de lumiere,
La beauté des beautez, l'eſtincelle premiere
De ce Globe arrondy, le cœur mis au milieu
De ce grand Vniuers ſimulacre de Dieu:
Ame de ce grand Tout, Cercle de ſapience,
Le modelle accomply de toute intelligence.
Quel Prince, tant ſoit grand, quel Monarque, quel Roy
S'egalle, triomphant, à ton diuin arroy?
Quand ſortant d'Orient ſur ta coche doree,
De quatre grans courſiers pompeuſement tiree,
Tu chaſſes deuant toy la noire obſcurité,
Fuyant de tous coſtez les rais de ta clarté,
Lors que laiſſant Auſter & la Cheure Amalthee,
Tu viens au beau Mouton pour enfanter l'annee?
Quel fruict receuons nous de ceſt heureux retour,
Retournant le printemps, les graces & l'amour?
Ce que l'hyuer tranſi ennemy de nature
Auoit ja par long temps enroidy de froidure,
Tu le viens r'animer, & regerme en vn coup

Sur la mere de tous la semence de tout,
Qu'icelle sagement de ta face eslongnee
Auoit dedans son sein fidellement gardee:
Imitant en cela la femme qui a soin
De l'honneur & du bien son mary estant loin,
Qui recluse chez soy modestement vestuë,
Attend de iour en iour l'heure de sa venuë.
Et toy pour compenser ceste fidelité,
Tu ressemble au mary de long temps absenté,
Qui rapporte de loin, vsure de l'absence,
Mainte robe de prix, maint ioyau d'excellence,
Qu'il offre à son retour à sa chere moitié
Pour mieux charmer le nœud de leur sainte amitié.
Car estant de retour d'vne robe nouuelle,
De maint & maint ioyau, de mainte et mainte perle
Tu orne sa beauté, & de mille couleurs
Tu esmaille son taint de mille & mille fleurs:
Tu repains le coupeau des forests escartees,
Tu colores les borts des sources argentees.
Tu bigarres les prez, & ramentoy aussi
Aux petis oysillons leur annuel soucy,
De bastir leurs maisons, l'vn sur vne montagne
Au plus haut d'vn sapin, l'autre emmy la Campagne,
L'autre dans vn buisson l'autre dedans le creux
D'vn arbre vermoulu pond & couue ses œufs:
L'vn pend son nid moussu à quelque branche verte,
L'vn couure sa maison, l'autre l'á descouuerte,
Et massons curieux se sçauent exempter
De l'iniure du temps qui les peut tourmenter.
Admirable subiect, diuine architecture,

Où ne se voit perdu vn poinct de la mesure,
Maistres de l'edifice, entrepreneurs, ouuriers,
Architectes, massons, couureurs & charpentiers,
Chacun pour soy sans plus & iamais d'auantage
Que pour l'vtilité de leur petit mesnage.
Ils reprennent l'orgueil de l'homme ambitieux,
De qui mille palais esleuez iusqu'aux cieux
N'assouuissent encor l'ambition damnable,
Qui riche le fait estre, & pauure, & miserable.
Cependant s'escoulant ceste verte saison,
Tu passes le Belier à la riche toison,
Le Thoreau blandissant & la couple iumelle,
Où redoubles l'ardeur de ta flamme eternelle:
D'autant que tes rayons plus à droit rebattus
Ne font plus contre nous les angles tant pointus,
Et mesme alors qu'entré dans le Cancre aquatique,
Tu trasse deuers nous le cercle du Tropique
De toy le plus petit, & vers nous le dernier
Descrit au mouuement du mobile premier:
Le dernier deuers nous, qui de toute l'annee
Fait la plus courte nuict & la plus grand iournee.
Puis le Printemps passé humant à plus longs traits
L'humeur se recelant aux alterez guerets,
Roidissant tes rayons sur Ceres la feconde
Tu recuis les thresors de sa perruque blonde,
Dont liberale apres aux Plebees lassez,
Paye les interests des labeurs auancez,
Qui la faucille au poing, ou la faux aceree,
Qui dans le champ bletier, ou qui dedans la pree,
Suant sous le labeur, s'efforcent non en vain,

Pour l'hyuer succedant chasser la palle faim.
L'vn coupe, l'autre apres le coupe & amoncele,
L'autre auec le lyen le reduit en iauelle:
L'autre meine le char, l'autre à force de bras
D'vn fourche de fer leue le bled d'embas:
L'autre qui est dessus égallement l'arrange,
Et piquant les Thoreaux le conduit à la grange:
Puis le Cancre passé, & le Lyon encor,
Et la Vierge portant sa belle gerbe d'or,
Tu acheue l'Esté, & puis tu renouuelle
L'amitié de l'Automne au bon fils de Semelle,
Qui sans toy vainement attendroit des mortels
Les Orgies sacrez sur ses sacreZ autels.
C'est toy qui les conduits, & sans toy seroit vaine
La manique chanson de la troupe Thebaine.
Ie l'entens, ie le voy, Euoé, ta beauté,
D'vne gaye fureur esblouit ma clarté:
Ton ardeur dedans moy d'vne sainte Manie
Chasse le soin mordant & la melancholie,
Dirceen auec toy ie suis plein de sçauoir,
De vaillance, d'espoir, de sagesse, d'auoir,
D'histoires, de chansons, de nombres, de figures,
De cercles, de quarrez, de mancies, d'augures,
D'aspects, conionctions, & docte, & curieux
Astronome parfait, ie vogue dans les Cieux:
Mais veuf de ta faueur, pauure et froid côme glace,
Ie demeure craintif, sans sçauoir & sans grace.
Pere alme Dieu Denis ton chariot doré
N'est si tost apperceu de six Tigres tiré,
Que le bon vigneron cherche, arrange, & prent cure

Des muys pour entonner la vendange future.
Il les defonce & racle, il les met au Soleil,
Il les tourne & retourne: & sur tout il a l'œil
Que le bois n'ait receu quelque odeur mal plaisante,
Indigne de tenir la liqueur excellente.
Il met dessus le feu du pampre frais cueilly,
Et du pampre & de l'eau auquel il a bouilly,
Il laue ses tonneaux, & par belle industrie
De l'osier refendu les cerceaux il relie:
Il renfonce ceux-là qu'il auoit defoncez,
Il les bat & rebat, & les cercles pressez
Donnent capacité à la fuste accoustree
De tenir en seurté la vendange esperee.
Et luy voyant noircir les grapes des raisins,
Soudain il fait amas d'aucuns de ses voisins,
De filles, de garçons, pour amasser en haste
Le raisin desia meur, de peur qu'il ne se gaste.
Qui a quelquesfois veu l'armee battre aux champs,
Et qui çà & qui là mille troupes marchans,
Qu'il contemple de loing les troupes escartees
Coupant du bon Denis les grappes apportees.
Là le bon œconome au labeur les conduit,
Et chacun du deuoir diligemment instruit,
L'vn coupe en son panier, lequel emply, il porte,
Comme les autres font en la prochaine hotte:
Les hoteurs vōt verser leur charge en des vaisseaux
Proches du grand chemin, qui puis par les cheuaux
Sont trainez au cellier, auquel de ceste charge
On emplit iusqu'au haut la cuue grande & large.
Cependant Marion abile à mesnager

Diligem-

Diligemment appreste aux troupes à menger,
Et la marmite au feu toute la matinee
Plaine de grasse chair est du feu animee,
Elle espluche les choux pour le prochain repas,
Et sa manche troussee au plus haut de ses bras
Monstre sa belle chair, & plus belle, et plus blanche
Que le liz frais cueilly, ou que la nege franche.
Elle s'en va au puis & deualle le seau,
Et à force de bras le remonte plein d'eau,
Elle laue les choux, les met en la marmite,
Et gracieusement les suruenans inuite
Au disner appresté, & demeurer des leurs,
Pour menger auec eux des choux des vendangeurs.
Lesquels assis en rond au frais de quelque ombrage
Qui entame le pain, qui menge son potage
Qui decoupe la chair, & petit à petit
Appaisent de cela l'aboyant apetit.
Le moust boust cependant on le foulle, on le tire,
On l'arrange au pressoir, & le chargeant on vire
La grand viz qui le presse, & là à l'abandon
Chacun prent la Sibylle & taste s'il est bon.
Là qui gausse, qui rit, qui conte des nouuelles,
Qui dit mille chansons à l'enuy les plus belles:
Et chacun barbouillé & dehors & dedans
Chasse à l'odeur du vin mille soucis mordans.
L'vn d'vn souspir Tudesq son compagnon saluë,
L'autre plus inciuil du derriere eternuë,
Et quelquesfois aussi, soit de peine ou d'ahan,
Passe tout en vn saz la farine & le bran.
Cependant plus contens que les Rois de l'Asie,

M

Loüangent à l'enuy le bon-heur de leur vie:
Et le moust entonné & rangé au Celier,
Vont sur tes saincts autels vn Bouc sacrifier,
Te priant, bon Denis, que ta faueur recente
Se continue encor pour l'annee suiuante.
Apres le vin serré, on assaut le noyer,
Le poirier, le pommier, & le sacré oliuier,
Dont la bonne Pallas, vierge prudente & sage,
Aprint au genre humain le profitable vsage.
Mais ce pendant le cours de nostre alme flambeau,
Ayant desia passé le signe du fleau,
Ou à ceux de midy, il commence de faire
Comme à nous au belier vn Printemps ordinaire.
Il passe le Scorpion, l'Archer, puis vient trouuer
Le My-bouc, où il fait le tropique d'hyuer,
A nous qui sejournons en la part borealle:
Mais d'Esté à tous ceux qui habitent l'Australle,
Qui dure iusqu'à tant qu'il se rencontre encor
Au colchique mouton portant la laine d'or:
Ou iusques en Cancer, liberal, il leur donne,
Comme à nous, en Libra les fruits de leur Automne.
Et par ainsi son cours en escharpe porté,
Rend deçà & delà par sa diuersité,
Or' l'Esté, or' l'Hyuer, à fin que tout ce monde
Participe aux biens faits de sa vertu feconde.
Le cercle toutefois dans lequel au rebours
Du mobile premier il fait son propre cours,
Se peut dire excentric, & faut qu'on l'imagine
Hors le centre parfait de ceste grand machine:
Et la plus grand hauteur de son auge arresté

Se trouue iustement au tropique d'Esté.
Aussi au iugement procedant de la veuë,
Plus petite en ce lieu sa rondeur est cognuë,
Que lors qu'il a attaint le Bouc melencolic,
Et le plus pres de nous de son cercle excentric.
Ce n'est pas toutesfois la raison peremptoire
De l'excentricité: Mais il est tout notoire
Que ce flambeau passant les signes Boreals
Demeure trois iours plus qu'aux meridionals,
Et par ainsi la part du cercle la plus grande
Est par necessité deuers l'artique bande.
Il s'exalte au Mouton, & au poinct opposé,
De ceste dignité se trouue deposé,
Il heberge au Lion qui est de sa nature
Masculin, chaut & sec, & qui par bon augure
L'a pour son ascendant, à l'heure qu'il est nay
Se peut dire à bon droit heureux & fortuné,
Du costé d'Orient il obtient seigneurie
Sur le sang, sur les yeux, sur l'esprit sur la vie
Et engendre dans nous vne cupidité,
D'estre sur le commun en quelque authorité,
Il induit à plaisir, il connie à la chasse:
Il donne beaux cheueux, bon esprit, bonne grace,
Tenant des Regions, le peuple Ausonien,
Le Syracusien & le Bohemien,
Les Palais de nos Rois, Temples & Edifices
Construits pour l'equité & pour les sacrifices.

M ij

CHanteray-ie, *Venus*, l'ardeur de ton brandon,
  L'Arc, la trousse *&* les traits de ton fils Cupidon,
Larc, la trousse *&* les traits, dont cruël, il fait guerre
Au Ciel *&* à l'Enfer, à l'air *&* à la terre?
Non, i'aime mieux chanter la diuine beauté
De ton Astre benin, qui dans le Ciel porté
Surpasse la beauté de tant *&* tant d'estoilles
Qui vont traffant au Ciel leurs routes eternelles.
Quelquefois au matin d'vn lustre nompareil
On te voit deuancer les rayons du Soleil,
Dont la Grece subtile, *&* aux arts la premiere,
Te nomme Phosphoros, *&* nous, porte lumiere:
Et le soir, au contraire, alors que ses cheuaux
Plongent à col panché dedans l'amas des eaux,
Tu le suis pas à pas, *&* pource es tu nommee
Vesphoros ou Vesper, à nous, porte seree.
L'argentine clarté de ton œil variant
Domine l'air fecond *&* la part d'Orient:
Mais sur tous tes effects tu te demonstres actiue
A garder de grand soin la part generatiue.
Tu donnes la beauté, le ris, le traict des yeux,
L'agillité, maintien, le parler gracieux,
La danse, le parfum, l'accueil, la mignardise,
La volupté, le fard, l'attraitiue faintise,
Le deuis, la chanson, les larmes, les souspirs,
Les presens, les banquets, les amoureux escris:
Mais quelque fois aussi apres tant de liesse
D'vn tardif repentir tu fais ample largesse.

Mais qui peut toutesfois sans amour subsister?
Sans amour le Soleil nous peut-il visiter?
Sans amour le Printemps raieunist-il la pree?
Rend-il en ses honneurs la terre diapree
D'arbres, de fleurs, de fruicts, dont apres la beauté
Nous trouuons le plaisir ioint à l'vtilité?
Sans amour verroit-on la belle architecture
De ce grand Vniuers, ny la sage nature
Perpetuer icy par la corruption
Des couples infinis la generation?
Y a-il animal de nature tant ville,
Qui n'aye en l'estomach ceste fureur gentille,
Qui selon sa saison ne tasche d'agreer
Chacun à son pareil, à fin de procreer?
Qui ne soit diligent, qui de ruze & de force
A conseruer les siens iusqu'au bout ne s'efforce?
Sur le masle au matin ta fureur se peut voir,
Mais dessus la femelle elle se monstre au soir,
Que tu rends de beauté & de grace agreable,
Toutesfois au danger d'estre vn peu variable.
Pour te loger la nuict tu prens le blanc Thoreau,
Pour te loger le iour tu eslis le Fleau,
Et passe en douze mois par ta course erratique
Les douze mantions de la ligne Ecliptique,
Sans eslongner iamais au plus loing que ce soit,
Quarante huict degrez, le Soleil qui tout void.
Et si on peut tirer raison du diametre
A l'axe trauersant la machine terrestre
Celuy de ton flambeau moindre se trouuera,
Et comme sept à dix leur raison se verra.

M iij

Quiconque admirera auec quelle merueille
Ce grand ouurier de Tout par vertu nompareille
Rend beaucoup plus frequente au froid Septentrion
De cest alme Venus la declination,
Que deuers le Midy, il aura coniecture
Que ses begnins rayons corrigeans la froidure
Extreme en ceste part, poussent l'affection
De tant & tant de pairs à copulation,
Ne laissant aucun lieu tant froid, sec & sauuage,
Où la mere de tous prudemment ne mesnage.
Mais qui peut dignement racompter tes beautez,
Tes effects, tes rayons, tes vertus, tes bontez,
Et de quelle ferueur tu ayde & accompagne
En ses œuures diuins nature ta compagne?
Ainsi puisse tousiours vostre saincte amitié
Par vn nœud Gordien demeurer sans moitié:
Et ainsi puisse encor ton estoille amiable
Fauoriser noz iours d'vn regard fauorable,
Comme sur tes autels dedans ton temple sainct,
Saincte mere d'Amour, i'offre d'vn cœur non faint
Six Collons amoureux, dont la blancheur efface
L'albastre de ton sein & le lys de ta face.

MERCVRE.

AVray-ie bien cest heur de te pouuoir chanter,
Diuin Menalien, race de Iupiter,
Interprete des Dieux, harpeur de leur memoire,
Nonce de leur vouloir, messager de leur gloire:
Toy qui osas tenter d'vn vueil audacieux

Les sentiers recourbez de la voulte des Cieux,
Mercure ingenieux, fils de Maye emperlee,
Maye fille d'Atlhas, dont l'espaule courbee
Soustient, suant d'ahan, les dix orbres voultez,
Et du grand firmament les flambeaux escartez.
Toy voysin du Soleil, qui soubs ses rays insignes,
Presque ainsi comme luy passe les douze signes,
Rare à l'œil des humains, qui pourtant sans te voir
Sentent diuers effects de ton diuin pouuoir.
Pere, nous te deuons & la harpe & la lyre,
Le sçauoir, le discours, l'oraison, le bien dire,
Les nombres infinis, les lignes, plans & corps,
Les mesures, les tons, les nottes, les accords,
Le temps des mouuemen, la celeste armonie,
Et tout ce que reçoit la saincte Astronomie:
Les reigles, les compas, les forges, les fourneaux,
L'esquierre, le rabot, enclumes & marteaux,
Limes, soufflets, estocs, coustres, agriculture,
Lettres, impression, papier, encre, escriture.
Brief, nous tenons de toy tout ce que l'homme humain
A iamais inuenté pour estranger la faim,
Soit en bien, soit en mal : car encor on te donne
Le larron, l'affronteur, & celuy qui s'adonne
Malin à contrefaire, ouurier de malle foy,
Ce que nature bonne a produit bon de soy.
Le marchand barguigneur, le chiquaneur sophiste,
Le pescheur morfondu, le souffleur Alquimiste,
Qui cherchant ce qui n'est, enuoye bien souuent
Son aage, son auoir, & son honneur au vent:
Ou cherchant le lingot affiné soubs la cendre,

Treuue le plus souuent vn licol pour le pendre.
C'est pourquoy on te dit en ta diuersité
Bon auecques le bon exercer ta bonté,
Et auec le mauuais augmenter d'heure en heure,
Conioinct auecques luy sa mauuaise nature.
Tu es Hermafrodit, blanchastre en ta couleur,
Planette nocturnal attrempé de chaleur:
Si petit toutesfois, que la terre on refere
Trois mille fois & plus, plus grande que ta Sphere.
Tu as tes deux maisons la Vierge & les Bessons,
S'opposant à l'Archer & encor aux Poissons:
Maisons de Iupiter, qui nous donne à cognoistre
Que voz deux qualitez en nous ne peuuent estre.
Iupiter est actif à domination,
Mercure ardent aux actes & à l'inuention:
Et peu souuent se void la qualité actiue
Auoir afinité à la contemplatiue.
C'est pourquoy nous voyons tant de rares esprits,
Quoy que parmy les grands de pauureté surpris.
Ta plus grande largeur de la ligne Ecliptique
Est de quatre degreZ vers le Polle Antartique,
Où tu t'aymes trop plus qu'au froid Septentrion,
Faisant ton apogee en la fin du Scorpion:
Mais ta moindre hauteur, qu'on nomme Perigee,
Du docte Copernic a esté rencontree
Au signe des Iumeaux, & ta protection
S'estend heureusement sur mainte nation,
Entre lesquelles est l'Egypte Cabalique,
L'Angleterre argentee, & la Flandre aquatique,
La Grece ingenieuse: & sur tout tu desparts

Tes

Tes faueurs à Paris, Paris mere des arts,
Paris vn monde entier de peuple innumerable,
Paris de l'Vniuers la perle incomparable
De grandeur, de beauté, d'equité, de sçauoir,
De Temples, de palais, de force, de pouuoir,
De terroir abondant, d'air pur & salutaire,
De fleuues, de thresors, de peuple debonnaire,
De police, de mœurs, de Senateurs de Loix,
De fidelles subiets, de legitimes Rois:
Rois qui monstrent à l'œil leur race estre sortie
Des cendres d'Ilion & des Rois de l'Asie.

LA LVNE.

LVcine aux clairs rayons, Lucine en qui reluit,
Vnique en sa beauté, la beauté de la nuict,
Le mirouer du Soleil, dont la coche attelee,
Par six cerfs vagabons dans le Ciel est tiree,
Remplissant de clarté comme mere des mois,
Les douze parts du Ciel en vn an douze fois.
Hecate en cent autels de la Grece adoree,
Et par cent noms diuers des peuples inuoquee,
Diane au front d'argent, deesse des forests,
Diane aime-labeur, aime-chiens, aime-rets,
Diane le mal-heur du beau fils de Cadmee,
Qui en fin pour te voir, veit sa teste ramee:
Veit, quoy qu'innocemment, abandonné des siens,
Son corps en mille parts deuoré de ses chiens.
Tu aimes l'antre obscur, tu aimes le riuage,
La fonteine, le mont, le solitaire ombrage,

N

L'arc, la trousse, les traits, les veneurs, les limiers,
Les rochers plains d'effroy, les destournez sentiers,
Et non les carrefours d'vne voye commune,
D'où le cault Enchanteur ta faueur importune:
D'où le cault Enchanteur par mains vers remasché,
Rend, inuoquant l'Enfer, ton visage taché.
Tu mue inconstamment la partie aëree,
Et y formes de nuict la seconde rosee:
Qui tout ainsi que toy, accroissant en clarté,
Tout ainsi s'apperçoit accroistre en quantité.
Tu donnes les humeurs toutesfois impuissantes,
Sans de l'alme Soleil les forces recuisantes,
Que tu crois & descrois tout ainsi que ton cours.
Tu monte en ta rondeur ou tu meine au descours:
I'en appelle à tesmoin tant de doctes Phisiques,
En l'obseruation des iours nommez Critiques,
Qui font de sept en sept varier ta grandeur, •
De rondeur en croissant, de croissant en rondeur:
Car de sept en sept iours tu entre en vn quart signe,
Qui est vn quart aspect, dont l'essence maligne
Contrarie tousiours, & tousiours se verra
Que trois signes passez l'humeur se changera,
Soit en bien soit en mal, voyez l'experience:
Lors que la main de Dieu nous bat de pestilence,
Si du plain au descours les humeurs descroissant
Le mal n'est plus cruel que du plain au croissant.
Mais contemplons encor l'indissible sagesse
De ton diuin facteur en ta grande vistesse:
N'est-il pas tout certain que ta belle clarté
Fut faicte pour chasser de nuict l'obscurité.

Si ton cours estoit lent, lors que tu te viens ioindre
Au Soleil tout voyant, seroit-il pas à craindre,
Que ton seiour trop long soubs ses rayons diuers
N'aportast mille maux à tout cest Uniuers?
Tant que tu es soubs luy ta partie escleree
Est vers le firmament directement tournee,
Et t'esloignant de luy tousiours te variant,
Les cornes de ton front tirent vers Orient,
S'emplissant peu à peu, paroissant my-partie,
Ayant du Ciel attaint vne quarte partie.
Mais quand vostre regard par opposition
Fait du cercle total egalle section,
Lors tu nous apparois en rondeur toute entiere
Du Soleil regardee & plaine de lumiere,
Sept iours apres demy, & en ton dernier quart,
Du Soleil approchee à vn sextil regard,
Tu te monstre en croissant, dont les cornes s'allongent
Du costé d'Occident, dans lequel elles plongent
Auant ce grand Soleil, & puis l'ayant r'attaint
Nous reperdons encor la beauté de ton taint:
Tout ainsi comme luy liberalle tu donne
Vn Hyuer, vn Esté, vn Printemps, vn Automne.
Et si par sa chaleur la vie il entretient
A tout ce que le tour de la terre contient:
Si est-ce que sans toy sa chaleur excessiue
Seroit en ses effects trop forte & corrosiue.
Car nourrissant l'humeur par mediocrité
Tu corrige l'ardeur par ton humidité,
Tu mesures le temps, lequel presque s'efface
Aux tours continuels de ta celeste face,

N ij

Tu agite la mer, & monstre appertement
Toy seule estre la loy de ce mol element.
Tu le hausse & abbaisse, & le contrains de faire
Son cours, comme attaché, à ton cours ordinaire.
Car au premier quartier son orgueil abbaissant,
Tu rens basse la mer, le second recroissant,
Le tiers l'abbaisse encor, & au quart arriuee,
Tu donnes au mathelos haute & plaine maree,
Reiglant l'heure & le temps qu'elle doibt commencer
Quelle doibt reculler, qu'elle doibt auancer,
Dont le Pilote adroict du iour de sa naissance
Comme vn oracle vray donne la cognoissance.
De quatre mouuemens ton corps est agité,
Le premier du Dragon dont tout l'Orbe est porté,
Qui en dix & neuf ans passe la voye Oblique
Du Leuant au Couchant de la ligne ecliptique,
Ayant son centre assis iustement au milieu
De ce grand Vniuers, & auec mesme essieu
Que cil de ce grand tout qui fait sa sphere ronde,
Se rendre concentrique à la sphere du Monde :
Marchant sous l'Eclipticq nommant la section
D'où l'Astre du Midy monte au Septentrion.
La teste du Dragon & la part opposee,
Est le poinct delaissant le costé de Boree,
Redessent au midy, nommé vulgairement
La queuë du Dragon, se coulant reglement
Le long de l'Ecliptiq, & là où se rencontre
Ce poinct au Zodiac, son Eclipse se monstre.
Deux Orbes concentricts portant le defferant
Où l'Epicicle est mis, delaissent l'Orient,

Et vont continuant leurs carrieres insignes,
Par Midy au Couchant contre l'ordre des Signes,
Traſſant en chacun cercle outre le mouuement
Du mobile premier continuellement,
Vnze degrez, vn quint: mais l'exieu où ſe fonde
Ce ſecond mouuement, coupe au centre du monde
L'exieu du Zodiac, & leurs points arreſteʒ
Se treuuent cinq degreʒ l'vn de l'autre eſcarteʒ.
Le cercle deferent l'epicicle Lunaire
Du Couchant par Midy fait ſa courſe ordinaire,
Gaignant en chacun tour du mobile premier,
Treʒe degreʒ entiers, & d'vn degré entier
La ſixieme part, & le polle où il tourne
Auecques ſon exieu rondement ſe contourne
A l'entour de celuy des deux Cercles portans
Le cercle deferant, rendant equidiſtans
Leurs exieux inegaux. Mais la derniere ſorte
Du dernier mouuement, eſt du cercle qui porte
Le corps de ce flambeau que nous auons nommé
Epicicle, d'autant qu'en ſa rondeur formé,
Il eſt le plus petit de ceux par qui eſt veuë
En quatre mouuemens noſtre planette eſmeuë:
Et ne contient non plus ſon axe en ſa grandeur
Que le cercle excentric contient en ſa largeur,
Montant vne moitié vers le Ciel grand & large,
Lors que l'autre deſcend vers la terreſte plage.
Ainſi noſtre flambeau eſt quelquesfois porté
Vers le haut, & apres contre bas tranſporté:
Et lors que par le haut ſa grandeur eſt montee,
Hors l'ordre ſucceſſif des Signes eſt portee,

N iij

Et courant par le bas ce flambeau lumineux,
Abilitant son cours, court le Ciel auec eux:
Et ont hors le Soleil ces planettes luisantes
Chacun vn epicicle, où elles sont errantes,
Ores bas, ores haut, ores directement,
Ores retrogradant leur commun mouuement,
Inegaux toutefois: car les plus approchees
Des rayons du soleil ont esté obseruees
Cheminer aux plus grans pour la combustion
Qui pourroit aduenir en leur conionction.
Mais les cinq, hors la Lune, au contraire d'icelle
Suiuent, montant en haut, la voye naturelle
Des signes, & embas leur cours retrogradant,
Au contraire d'iceux marchent vers Occident.
Que les siecles derniers sont à Dieu redeuables
Trop plus que les premiers pour se trouuer capables
De penetrer de l'œil tout ce grand Vniuers,
Et rendre la raison de ses effets diuers,
Sans se sentant saisy d'vne crainte mortelle
Regarder en horreur l'eclipse naturelle
Des deux diuers flambeaux, & croire espouuantez,
Tels defauts aduenir des carmes enchantez
De quelque exorciseur, ou d'ardente menasse
De la fureur des Dieux contre l'humaine race:
Et qu'au son des bassins, cris & flambeaux ardens
On leur aide à sortir hors de tels accidens.
Car nous trop mieux instruits, grace à leur diligence,
Aidez de la raison & de l'experience,
Asseurons que tout corps qui est illuminé
Par vn plus grand que luy, rend l'ombre terminé

En la propre façon qu'est une Piramide,
Une quille à l'enuers ou bien un Conoïde.
Nous confesserons donc sans deceuoir nostre œil,
Le corps terrestre moins que le corps du Soleil,
D'autant qu'illuminant la terre illuminee
En poincte vers le Ciel rend l'ombre terminee.
Car s'ils estoient égaux, ceste ombre infiniment
Monteroit offusquant la part du firmament,
Egallant sa grandeur: Mais voyant les estoilles,
Et les cinq corps errants n'auoir eclipses telles,
Il nous faut confesser l'ombre n'attaindre pas
La hauteur de Mercure & terminer plus bas,
Non plus bas toutefois que l'espasse commune
Qui est entre son corps, & le corps de la Lune,
Dedans laquelle entrant petit à petit pert
Tout ce que le Soleil de clarté luy depart,
Qui en sortant aussi de luy, luy est renduë
En la mesme raison qu'elle l'auoit perduë.
Mais quelquefois son corps dedans l'ombre arresté
Perdra entierement obscurcy sa clarté
Sans y faire sejour, l'autrefois my-partie,
En perdra la moitié, ou une autre partie.
Une autrefois aussi sans estre illuminé
Quatre heures se verra dedans l'ombre enfermé:
Dont l'esprit ignorant les forces de nature,
Tirant de ces effets mauuaise coniecture
Iuge ce qui n'est pas, & au Ciel attaché
Contemple ce qui est à son esprit caché.
Car ainsi que la Lune entre dans l'apogee
Hauteur de l'Epicicle icelle est eslongnee

De nous ce qu'elle peut, & par direction
Touche du centre au poinct de l'opposition,
Lors son corps eclipsant la partie derniere,
N'a si tost acheué de perdre sa lumiere,
Que celle du deuant vers l'Orient sortant
Des rayons du Soleil, la recouure à l'instant,
D'autant que ce flambeau en ce passage sombre
Attaint le plus estroit du Triangle de l'ombre.
Mais lors qu'au perigee on la voit eclipser
Au bas de l'Epicicle, il luy conuient passer
Vne plus grand largeur de ce terrestre ombrage,
Causant l'obscurité demeurer d'auantage:
Et si elle ne pert de sa belle clarté
Qu'vne moitié, vn tiers, ou autre quantité,
C'est selon que son centre eslognant l'ecliptique
Tire en la part d'Auster ou en la plage arctique,
Ne pouuant eclipser qu'en l'vn ou l'autre neud
De la queuë, ou du chef du grand dragon ventru,
La terre se trouuant moyenne interposee
Entre elle & le soleil, par qui est arrestee
La clarté d'iceluy, & l'ombrage causé
Auec l'obscure nuict au costé opposé.
Or si depuis çà bas l'ombre se diminuë
Iusqu'à tant qu'à sa fin elle soit paruenuë,
La part montant au Ciel, où est contraint passer
Le corps de ce flambeau venant à eclipser,
Se trouuera beaucoup moindre en son Diametre
Que l'Axe trauersant la machine terrestre,
Et le corps eclipsant, moindre semblablement
Que la grandeur du corps de ce bas element.

D'autant

D'autant que la grandeur de l'ombre qui l'enferre
Lors de l'obfcurité eft moindre que la terre.
Mais pour rendre raifon des defauts du Soleil,
Ou bien, pour mieux parler des rayons de noftre œil:
D'autant que fa clarté dés fa force cree
Ne s'eft peu remarquer cruë ou diminuee,
Il nous faut confeffer ceft aftre flamboyant,
Cefte beauté du Ciel, lumiere tout-voyant,
Ne perdre fa clarté: mais bien que quelque chofe
Oppaque & tenebreufe à l'heure s'interpofe
Entre luy & noftre œil, qui empefche qu'ayons
L'admirable clarté de fes diuins rayons.
C'eft donc ce grand flambeau, c'eft ce grand corps Lunaire,
D'autant qu'autre que luy tel deffaut ne peut faire,
Qui iuftement au poinct de la conionction
Fait du Soleil & nous l'interpofition,
Arreftant fes rayons, d'où nous vient l'apparence
Que fon corps ne reçoit aucune tranfparence.
Mais ce defaut icy n'a fon euenement
Ainfi comme la Lune vniuerfellement,
Ains pour quelque climat, duquel l'ombre iettee
Amoindriffant vers nous eft d'iceluy coupee.
Car le Soleil plus grand de fes rayons diuers,
Rend l'ombre dedans l'air, comme vn coue à l'enuers,
Que la terre entre-coupe, & là mefme on voit faire
Les merueilleux effects de l'eclipfe folaire.
Ce n'eft pour mon regard l'effroyable terreur,
Dont ie veux menaffer les Princes pleins d'erreur,
L'eclipfe eft generale, & n'eft point pour le Prince,
Non plus que pour le moindre eftant en fa Prouince:

O

S'elle promet du bien, le bien nous est commun,
S'elle promet du mal, le mal est à chacun:
Car Dieu n'est attaché au defaut d'vne eclipse
Alors qu'il veut punir la mensonge & le vice,
Il tient dedans sa main la verge & le coustcau,
Il tient le fer, le feu, la corde & le fleau:
Il vanne quand il veut, & quand il veut il crible,
Et en ses iugemens tout incomprehensible
De moyens infinis par tout cest Vniuers,
Frape quand il luy plaist l'inique & le peruers.
Princes courez à luy quand vous aurez enuie.
De sçauoir les effets de la future vie:
Il en a le crayon, il en a le dessein,
Et s'en est reserué le secret en son sein.
Il est bon Astrologue, & ce qu'il veut predire
Du sçauoir des humains ne se peut contredire,
De vous & de chacun, de toute eternité
Il entend l'accendant & la natiuité.
Il vous dit en deux mots pour heureusement viure,
Ce qu'il faut euiter, & ce qu'il faut ensuiure:
Il veut que vous fondiez vostre esperance en luy,
Il veut estre de vous l'asseurance & l'appuy,
Il vous veut escouter en vos iustes querelles,
Et vous faire rampart de l'ombre de ses ailes.
Il hausse iusqu'au Ciel vostre throsne sacré,
Et veut que vous rendiez dignes d'vn tel degré,
Il vous fait enuers nous l'obiect de son image,
Et au theatre humain ioüer son personnage.
Il est pere benin plein de toute bonté,
De clemence, d'amour, de paix & d'equité.

Taschez donc d'imiter sa douceur accomplie
Vers le pauure affligé qui vers vous s'humilie,
Qui attend de vos mains la fin de son malheur,
Qui implore vostre œil sur sa iuste douleur,
Pour detester les maux, desquels mille Viperes
Soubs vostre sacré nom l'accablent de miseres.
Mais il faut, imitant le Nocher ancien,
Qui ayant ja long temps frayé sur l'Occean,
Cherche vn port asseuré, où moüillant à la rade,
Radoube son vaisseau, le fournist, fait aygade,
Seiourne quelque temps, & puis tout de nouueau
Se met comme deuant à la mercy de l'eau:
Car ayant trauersé dés le plus haut estage
Iusqu'à l'Orbe plus bas de la celeste plage,
Auant que de tenter les discords accordans
Du Caos separé des freres discordans.
Muse, mon cher soucy, ameine icy la voille,
Et cherchons desormais pour guide vne autre Estoille.

F I N. ὄθεος καὶ χονος.

TABLE SERVANT A L'INTEL-
LIGENCE D'AVCVNS TERMES
Mathematiques, & principaux points
de ce liure.

Stre, flambeau remarquable au Ciel.

Aftronomie, ſcience conſiderant ſimplement le mouuement des Cieux.

Aſtrologie, ſcience, ſi ſcience ſe doit appeller, iugeant & attri-
buant les euenemens à l'influence des Aſtres.

Armonie, accord & conuenance de pluſieurs choſes.

Ame, ſens intellectuel eſleuant l'homme à l'attente & contempla-
tion des choſes diuines.

Ame creée auant le corps, ſelon Platon parlant de l'ame du mŏde.

Ames des vertueux trãſportees au ciel, ſelõ Platon & Pithagore.

An vient d'Anneau, par le retour continuel du Soleil en vn poinct
du Zodiaque.

An parfait, l'entiere reuolution de tous les cieux, eſtĕdu en 49000.
ans, ſelon Platon : par d'autres, en 36000. & par d'autres, en
15000.

An Iulien, eſt celuy qui a eſté tenu depuis Auguſte iuſques à preſent, qui eſt de 365. iours, vn quart.

Auſter, vent venant de la partie de Midy.

Auſtralle, c'eſt vne choſe eſtant en l'Emiſphere meridionnal, ſeparé
du Boreal par l'Equateur.

Auge du Soleil, mot Arabe ſignifiant le poinct où le Soleil eſt le
plus eſloigné de la terre.

P

action diuine.

Cercle, figure geometrique, terminee d'vne seule ligne, dite Circon-ferance, au milieu duquel est vn poinct egallement distant de son extremité.

Centre, est le milieu de quelconque superficie ou chose corporelle.

Cinossure, Nymphe, qui ayant nourry Iupiter, est muee en estoille mise en la petite Ourse.

Centre de la terre, est vn poinct au milieu d'icelle egallemēt distant de la superficie, qui est encore dit centre du monde.

Cercle Arctique, est l'entiere reuolution du polle du Zodiaque à l'entour du Polle du monde.

Cercle Antarctique son opposé.

Colures, sont deux Cercles se coupans rectangulairement aux Pol-les du monde: l'vn distinguant en l'Equinoctial les Equinoxes, l'autre au Zodiaque, les deux Tropiques.

Cosmografie, description du monde.

Climats, sont portions ou bandes en la terre enfermees entre deux lignes parallelles à l'Equinoctial.

Canope, est vne grand estoille pres le Polle Antarctique.

Corruption se fait par mutation d'vn en autre elemēt de qualitez contraires.

Cloto emplit le fuzeau de nos iours par continuels retours, inter-preté retour ou reuersion de quelque chose.

Comettes, impressions en l'air en forme d'estoilles, causees d'exalla-tion chaude & seche, poussee en la supreme region de l'air.

Dieu, increé, tout creant: sans forme, tout formant: incomprehen-sible, tout cōprenant: tout bon, tout vn, tout grād, tout voyant, tout puissant, immortel, inuisible.

Degré du Ciel, est vne portion de Cercle, dont il en contient 360.

Dimention est la mesure de quelque chose, & s'estend sur la ligne, superficie, corps, temps & mouuement.

P ij

Deucalion, c'est au Ciel *Aquarius*, prins pour celuy, qui apres le deluge repara la perte du genre humain.

Dragon lunaire, est l'espace entre l'Ecliptique & le Cercle par où chemine la Lune de son mouuement naturel, coupãt iceluy Ecliptique en deux egallement.

Eclipse, deffaillance.

Eclipse solaire, deffaillance de la clarté du Soleil, quãt à nous, mais non quant à luy : & ce par l'interposition de la Lune entre son corps & nostre œil.

Eclipse de la Lune, par l'interposition de la terre entre elle & le corps du Soleil.

Ecliptique, c'est la ligne au milieu du Zodiaque, en laquelle le Soleil fait son propre cours, & en laquelle se font les eclipses des deux Luminaires.

Estoille, selon *Alphragan*, est vne lumiere assemblee en son cercle immobile d'elle-mesme, & portee par le Ciel sans aucune qualité elementaire.

Exallation, l'exallation differe de vapeur, en ce que la vapeur est tiree de l'eau, & l'exallation de la terre.

Essieu, est ce qui a esté desiny d'Axe.

Elements sont quatre, eau, feu, terre & air, autant que de qualitez premieres, chaud au feu, secheresse en la terre, froidure en l'eau, & humidité en l'air.

Europe, la partie de la terre entouree de l'Ocean Septentrional, de la mer Mediterranee, iusques au fleuue *Tanais*, & d'vne ligne tiree de la bouche d'iceluy fleuue au *Polle*.

Equinoxe, est le poinct au Zodiaque, où le Soleil fait la nuict egalle au iour.

Feu, est vn corps simple, chaud au dernier degré.

Feu naturel est au Ciel.

Feu artificiel, en la terre.

nue, vulgairement *Arc en Ciel.*

Longitude d'vne eſtoille, eſt l'arc en l'Ecliptique, depuis le cŏmen-
cement d'Aries iuſques au droict d'icelle.

Latitude d'vne eſtoille, eſt la diſtance entre elle & l'Ecliptique.

Longitude de quelque ville, eſt l'eſpace en l'Equinoctial depuis le
Meridien des iſles Canaries, iuſques au droict d'icelle.

Latitude d'vne ville, eſt l'arc compris entre le Zenith d'icelle &
l'Equinoctial, touſiours egalle à la hauteur du Polle.

Lignes parallelles, ſont celles qui tirees ne ſe rencontrent iamais,
comme l'Equinoctial & les Tropiques.

Ligne ſpiralle, eſt comme vne coquille de limaçon, ou comme le fil
en vn fuzeau.

Lune, Planette plus proche de la terre.

Mouuement ſe fait haut, bas, à droict, à gauche, deuant, derriere,
& circulaire.

Mouuement iournal, l'entiere reuolution du premier mobille.

Mouuemĕt naturel d'vne planette, au cŏtraire du premier mobile.

Matiere, choſe capable de forme.

Mer, mot ſignifiant grand amas des eaux.

Mercure, ſecond Planette peu apparant.

Mouuement de trepidation ſe fait du Septentrion au Midy:
& au cŏtraire.

Chacune Planette a ſon mouuemĕt particulier.

Mathematique, ſcience des quantitez, qui ſont diſcrette & con-
tinuë.

Meridien, Cercle paſſant au Polle au Zeniht, en ſon nadir & en
l'Equinoctial.

Mobille, mouuement.

Mois, meſure de l'an.

Nadir du Soleil, eſt le poinct en l'Ecliptique, oppoſé diametralle-
ment à iceluy.

Nue, est vne vapeur montee de l'eau en l'air.

Opposition des Planettes, est quand vne est en vne partie d'vn Cercle, & l'autre au poinct diametralemẽt contraire d'iceluy, ne pouuant estre vn opposé sans son contraire.

Orient, costé où le Soleil se leue.

Occident, où il se couche.

Perigee d'vne Planette, est le lieu où elle approche plus pres de terre.

Phenomenes, images.

Parassange, mesure Persique vallant trente stades.

Planettes, estoilles errantes.

Pluye, vapeur de l'eau tiree en la premiere region de l'air.

Porte epicicle, nommé deferent.

Polle, vn poinct au Ciel, sur quoy & à l'ẽtour duquel tourne toute la machine d'iceluy.

Qualitez premieres, aux quatre elemens.

Quadrangle, toute figure de quatre costez & de quatre angles.

Reuolution, le tour entier d'vn Cercle.

Rondeur, forme ayant quelque Idee de la diuinité. Rondeur est suiuie de la nature en toutes ses œuures, forme ronde surpasse toutes les autres.

Solstice, est le poinct où le Soleil esloigne plus l'Equateur: terme impropre, d'autant que le Soleil ne s'arreste.

Septentrion, poinct en l'Horizon opposé au Midy.

Signes du Ciel sont douze au Zodiac.

Seconde d'vn degré est sa soixantiesme partie.

Sphere, corps solide terminé d'vne superficie, du milieu de laquelle les lignes tirees à la superficie sont egalles.

Superficie, ce qui est comprins en largeur & longueur, sans profondité autrement apparance.

FIN.